职业院校素质教育创新系列教材

生命与安全

主　编　张　渺
副主编　苗红玉　王海鹏　齐德才
参　编　马志杰　张志波　钱友林
　　　　刘　轶　李建华　乔彤瑜
主　审　蒋乃平

机 械 工 业 出 版 社

本书紧扣职业院校学生安全领域的需求与特点,梳理了当前学生中可能面临的安全问题,旨在使学生通过对本书的学习,提高个人安全素养,注重养成训练。全书分为财产安全、生活安全、校园安全、实训安全、人身安全及预防犯罪,警钟长鸣六个单元。

在表现形式上,本书案例丰富,通俗易懂,增强了学生对安全常识的理解;书中设计了"扫一扫""练习展示"等环节,可以通过扫描二维码观看相关安全视频演示,为学生直观展示安全方面存在的突出问题;通过让学生参与练习展示,从而巩固学习成果,对相关安全问题举一反三。

本书适合职业院校学生在校学习,可以作为安全教育的专用教材,也可作为其他群体学习安全知识的必要读本。

本书在超星学习通上,建设有与教材内容相匹配的示范教学包《生命与安全(机工版)》,并提供了课件、微课、讨论、试题等丰富的教学资源,方便了教学过程。

图书在版编目(CIP)数据

生命与安全/张渺主编.—北京:机械工业出版社,2017.8 (2025.2重印)
职业院校素质教育创新系列教材
ISBN 978-7-111-59849-7

Ⅰ.①生…Ⅱ.①张…Ⅲ.①安全教育—中等专业学校—
教材Ⅳ.①G634.201

中国版本图书馆CIP数据核字(2018)第088310号

机械工业出版社(北京市百万庄大街22号　邮政编码100037)
策划编辑:宋　华　责任编辑:宋　华　陈　洁　李　兴
封面设计:路恩中　责任校对:王　欣
责任印制:张　博
北京中科印刷有限公司印刷
2025年2月第1版第8次印刷
184mm×260mm·11印张·257千字
标准书号:ISBN 978-7-111-59849-7
定价:29.80元

电话服务　　　　　　　　　　网络服务
客服电话:010-88361066　　　机 工 官 网:www.cmpbook.com
　　　　　010-88379833　　　机 工 官 博:weibo.com/cmp1952
　　　　　010-68326294　　　金 书 网:www.golden-book.com
封底无防伪标均为盗版　　机工教育服务网:www.cmpedu.com

前言

Preface

珍爱生命　注重安全

在这个世界上，每个人的生命都是唯一的。哪一个人不愿笑口常开，哪一个家庭不想幸福美满？而安全如同一根七彩丝线把我们这一个个美好的愿望连接起来，构成了一个和谐、稳定、祥和、丰富多彩的世界。

我们希望同学们通过对本书的学习，能感悟到生命的有限性和唯一性，从而思考个体生命的存在价值，并在人生的道路上积极勇敢地实现它。只有接受与认识生命的意义，尊重与珍惜生命的价值，热爱与发展每一个人独特的生命，并将自己的生命融入社会之中，我们才能树立起积极、健康、正确的生命观。珍惜生命、敬畏生命，才可能培养起坚定的理想信念，才可能以博大的胸怀和坚韧的毅力去实现个体的生命价值，为社会创造幸福。

生命的安全在于敬畏，敬畏规则，才能保护生命。不论财产安全、人身安全，还是生活安全、校园安全、实训安全，都有自身的规则，都是血与泪的教训形成的经验，只有在内心构筑起对规则的敬畏才能远离各种危险，保护自己的生命。

自我保护能力是同学们健康快乐成长的必备能力。只有学会自我保护，远离危险，我们才能拥有幸福，享受美好的生活。为了大家的健康和安全，同学们学习一些必要的安全常识及处理突发事件的方法，对于培养自我保护能力及良好的应急心态很有必要。

生命诚可贵，安全记心间。我们希望同学们通过本书的学习，加强自我安全防范意识，学习并掌握生活中的安全要领，学会自护自救，活出精彩人生！

编　者

Contents

目

录

第一单元　财产安全

● 训练要点

本单元包括防盗窃、防抢劫、防诈骗和网络及信息安全相关任务,通过具体真实的案例导入,引起同学们的共鸣,引发诸多感悟,结合具体的案例分析,指导大家学习财产安全的有关知识。

1. 财产安全与安全意识之间的关系。
2. 财产安全与人身安全之间的关系。
3. 财产安全与个人信息安全之间的关系。
4. 财产安全与其他方面的关系。

● 素养要求

通过本单元的学习,达到以下素养目标:

1. 能够树立较强的财产安全意识。
2. 能够在安全意识的指导下培养出保护财产安全的习惯。
3. 能够有效避免或减少财产的损失。
4. 能够在利益冲突时优先确保个人的人身安全。
5. 能够确保个人网络资料和个人信息不被泄露。

任务一　防盗窃

防盗歌

一二三四五六七,数数哪里易被盗。
宿舍食堂和教室,公共场所和公交。
校园内外均涵盖,提高警惕必须的。
预防得当是保障,习惯养成是关键。
一是宿舍要留意,切勿物品随手放。
现金尽量要少取,贵重物品锁柜里。
睡前检查别马虎,门窗随手要关闭。
生人到访要提防,问出疑点报案去。
二是食堂非家里,背包占座害自己。
被偷以后太无奈,资料现金都不见。
吃饭手机桌边摆,一不留神就没了。
电脑座位背后放,吃完起身找不着。
三是教室人流大,外出不把锁来上。
学习累了趴桌上,一会工夫手机没。
上个厕所露空档,贵重财物齐飞走。
人物分离不可取,可乘之机不能给。
四是商超人不少,小偷爱来凑热闹。
你掀门帘贼伸手,监控死角他得手。
商场简易试衣间,随手放包不安全。
购物刷卡来结账,小偷只能空惆怅。
五是公交人拥挤,乘车一定要注意。
上下公交很关键,小心钱包和手机。
前面人多我往后,后面人多我向前。
太挤就等下趟车,能让小偷远离你。
六是路边人来往,小偷看人不看路。
双肩背包背胸前,单肩斜跨放眼前。
耳机听歌很惬意,手机品牌被泄露。
财物外露易招贼,贼偷之前先惦记。
七是网吧人闲杂,各色人等小偷达。
钱包手机贴身装,提高警惕是必须。
专注游戏一旁放,通关再找无踪迹。
网吧熬夜真是困,睡醒一看财物空。

其他地点也要防,单车路边别乱放。

电车也要多留意,有人看管才安全。

公共场所不设防,蟊贼暗自欣喜狂。

牢记防盗非须臾,警钟长鸣不忘记。

案例分析

同学们的大部分时间都是在校园里度过的,而校园盗窃案件的频发时常见诸报端、网络。因此,如何有效预防校园盗窃,从财产利益自我保护的角度来说,对我们每一个同学都有必要重视起来。与此同时,我们也难免要涉足校外的社会生活,所以,针对校园外的易发盗窃案件,我们也要采取相应措施加以应对。

对此,此任务从有效预防盗窃案发生的角度出发,在遵循盗窃案件的发案规律的基础上,以易发案地点为分类标准,将案例分为校内和校外两个部分。其中,校内分为宿舍、食堂和教室三个区域;校外分为道路、公共交通工具、网吧及商场和超市等购物娱乐场所四个区域。

当我们冷静分析这些盗窃案件发生的原因时,会发现许多被盗案件的财产损失原本是可以减少甚至是完全可以避免的。因此,希望在下面的系列案例中,同学们可以边阅读边加以自我思考,从自身预防盗窃的角度去想一想:到底问题出在哪里? 如果你是案件的被害者或被害人,你又当如何应对呢?

第一类 校内案例

1. 学生宿舍

(1)门锁简易——撬门扭锁

【案例1】2016年6月6日,短短3个小时里,重庆某学校王同学所在的宿舍内6名同学的笔记本电脑、手机等贵重物品全部被盗,损失约3万余元。时间过去一个多月,案件侦破工作却一直没有新进展,这6位学生被迫打起了暑期工,以弥补损失。事情经过是这样的:6月6日下午,因为王同学和室友都没课,所以他们从下午5时50分起相继离开宿舍;到了晚上8时30分,王同学和几位室友几乎同时到达宿舍,当时就发现桌上的笔记本电脑不翼而飞了。王同学赶紧报警,然后仔细检查了房间门锁,发现门锁完好无损。对此,王同学称,该校不少宿舍的防盗门用一张卡就能打开。他随手掏出一张银行卡,往门缝里一插,往下一划,啪的一声,门便被打开了。因此,他怀疑盗贼是通过银行卡等此类卡片撬开宿舍门作案。

(2)室门忘锁——乘虚而入

【案例2】2016年10月21日7时许,咸阳一所学校男生公寓三楼318宿舍的小杨醒来,一摸枕头边,发现手机不见了,可是其他同学都说没拿。接着,他又发现放在手机旁的钱也不见了。此时,307宿舍的小赵、小郭同学起床后也发现他们的钱包和手机也不见了。"我们睡觉时,习惯把钱包和手机放在枕头边上,从来没想过会在宿舍被偷。"小赵说。民警随后赶到现场,经调查得知,事发当晚,两个宿舍均没上锁,宿舍门可从外面轻易推开,从而可能引发了此案。

【案例3】2010年6月3日至12月26日,河北某学校学生宿舍发生系列盗窃案。2010年6月3日,该校学生王某早晨将笔记本电脑放在宿舍桌子上,匆匆外出,忘记锁宿舍门,中午回宿舍后发现笔记本电脑被盗;9月20日下午,该校学生张某将笔记本电脑放在宿舍书桌上,没有锁宿舍门,然后去隔壁宿舍聊天,等回来后发现笔记本电脑被盗;12月26日,该校学生李某将笔记本电脑放在宿舍书桌上,没有锁宿舍门,就去食堂吃饭,回来后发现笔记本电脑被盗。

（3）窗户忘关——翻窗入室

【案例4】一个夏天的晚上,青岛市李沧区一所学校的女生宿舍楼的五间宿舍遭了贼,学生的十几部手机不翼而飞。警方通过监控发现了这个贼入室的路径:凌晨2时40分左右,一名男子翻过宿舍楼西侧的一堵高墙,然后爬到三楼,最后通过女生宿舍窗户进入。根据相关线索,民警在城阳区的某社区将犯罪嫌疑人马某抓获。案发后,警方叮嘱学生晚上睡觉一定要关好门窗。

（4）护栏被毁——强行进入

【案例5】2016年4月30日,海口某学校发生多起盗窃案,多名学生的笔记本电脑被盗。该校学生公寓一层116宿舍的小王早晨起来之后,发现自己的笔记本电脑和手表不见了,而同时不见的还有其他同学的一部笔记本电脑、一部iPad及部分化妆品。小王发现宿舍被盗之后,立刻向警方报了案。在报警的同时,发现窗户外面的铁护栏被小偷锯开一个大口子。"小偷应该就是从这里钻进来的,墙上还有鞋印。听说四楼还有一个宿舍也被盗了,说是顺着管道爬上去的……"小王看着被锯开的防护栏推测（图1-1）。警方了解到,被盗的还有117和118宿舍,这些宿舍窗户外的防盗窗也都被锯开了。

图1-1　盗窃案件中被破坏的防护栏

（5）走廊阳台——顺手牵羊

【案例6】2016年4月15日,河北某学校的学生宿舍楼内发生学生在公共阳台晾晒的衣物、鞋帽等被偷事件。据该校学生反映,该校男生宿舍的公共阳台经常丢失衣物、鞋帽等服饰,多数是名牌的运动衣和运动鞋。

（6）舍友盗窃——监守自盗

【案例7】2016年7月31日中午12时许,福建晋江青阳派出所接到一名男子的报警,称其找到了之前偷他手机的嫌疑人。民警赶到报警人所描述的地点,将报警人和嫌疑男子一起带回派出所做进一步审查。经查,报警人小黄和嫌疑男子蒋某系舍友。6月30日凌晨

0时许,蒋某到宿舍的浴室洗澡,发现洗手台上放着一部手机,便偷偷将手机关机,藏起手机,走出浴室后将手机藏在电视机的后面。蒋某因涉嫌盗窃被依法处行政拘留七日。

【案例8】2008年5月12日上午,河北某学校的学生齐某到保卫处报案称其随身携带的书包内的银行卡被盗,并且银行卡里的余额被盗取。经过仔细询问,原来齐某宿舍内的几名舍友均用自己的生日作为密码。当天上午,保卫处会同齐某一起到工商银行调查,据银行工作人员反映,该卡上的1000元钱是在5月11日取走的。经过认真分析,初步认定该卡是被知情人盗走,并根据所知密码将现金提出。于是,围绕齐某的舍友、交往密切的同学展开调查,后来经调取监控录像,锁定了犯罪嫌疑人为齐某的同学。目前,该犯罪嫌疑人已被抓获归案。

2. 学生食堂

【案例9】35岁的赵某曾因盗窃罪被判刑,出狱后,由于没有找到合适的工作,整日无所事事的他逐渐把目光投向了家门口的一所学校。2015年5月6日晚7时左右,赵某溜入了该校的食堂内,搜寻一段时间后,赵某发现了作案目标。随后,趁一名女生与同学扭头交谈的间隙,赵某悄悄盗走了该女生放在桌子上的一部手机。赵某匆忙逃离作案现场时,被食堂工作人员发现并报警。赵某被公安机关抓获后交代,他发现不少学生随身携带手机、笔记本电脑等贵重物品,因此就动了盗窃的念头,而之所以选择学校食堂下手,是因为学校就餐时间往往比较集中,学生们也是挤在一起扎堆打饭,行窃不容易被发现。

3. 学校教室

【案例10】武汉市珞珈山派出所曾通过其微信公众号"珞珈微防"公布了系列教室盗窃案。2015年3月中旬至4月间,武汉大学文理学部教学楼的教室里经常发生学生的笔记本电脑和手机丢失事件,武汉大学保卫部接到学生反映后立即向珞珈山派出所报案。警方调取监控后,发现一个穿酱色夹克上衣的学生背着书包进入教室,奇怪的是他每次进教室后不像是听课,而是四处观察后趴在课桌上睡觉,然后趁课间休息学生上厕所的间隙,迅速拿起桌上的笔记本电脑或手机离开。显然,上课的学生没想到教室里会藏着小偷,毫无防范意识。随后,珞珈山派出所民警联合武汉大学保卫处对武汉大学文理学部教学楼进行了布控。4月11日中午,当该男子穿着同一件上衣再次在教室内实施盗窃时,被当场抓获。据查,犯罪嫌疑人梁某,24岁,曾在长沙某大学用此手法盗窃被判刑,刑满释放后于2015年3月来到武汉大学盗窃。被民警抓获时,他的书包内装满了书籍。梁某交代,他平时经常扮成学生模样混到武汉大学各个教室踩点,对于每间教室什么时间人少,学生平时的物品摆放习惯非常熟悉。他利用学生上洗手间的时机盗窃学生财物,1个月内先后在武汉大学文理学部等教室盗窃5次,盗走4部笔记本电脑和3部手机。

4. 其他校内易于被盗的情形

除了以上易发生盗窃案件的场所外,在特殊的时期,也易于发生校内盗窃案件,如新生报到、军训、校园招聘会、校园施工等人员流动较大的时期。

【案例11】2016年8月28日是石家庄某大学大一新生军训的第一天,训练结束后大家回到宿舍发现屋里的东西被翻得乱七八糟,而且衣柜的锁都已经被撬开。宿舍4名同学的手机全部被盗,有的同学包里的现金也没了。经仔细查看,发现小偷是从门上的窗户爬进来的。这一天,共有三个宿舍被盗。接下来,学生们发现了规律,就是每隔一天就会有宿舍被盗,并且盗窃手法相同。半个月的时间,同学们共丢失手机20余部,现金4000余元。民警经调取监控录像发现一个穿白色T恤的青年男子跟在一群学生后面,从容地走进了学生宿舍一楼的水房洗脸,然后边用毛巾擦脸,边从水房中走了出来上了楼。随后警方抓获该男子,并经审讯得知,路某,23岁,自2016年8月底以来,他趁高校新生入学军训期间,多次通过翻窗、撬门的方式进入学生宿舍,盗窃宿舍内的物品。

第二类 校外案例

1. 商场、超市等公共场所

【案例12】2013年12月29日上午,20岁的沈阳某校学生赵同学找民警报案,称其手机逛街时被人掏走了。赵同学说,自己当时在步行街上的一家大型商场逛街,身边并没有其他同伴,接完一个电话后便顺手放了右侧上衣兜,不到一分钟走出店铺时,再翻兜便发现手机没了,身边人来人往,根本无法辨认到底是谁偷走了手机。沈河分局的便衣警察大队介入调查后,调取了该商场多个角度的监控录像,找到一个对准赵同学失窃时所在店铺的摄像头记录的赵同学失窃的全过程。11时15分27秒,赵同学背着双肩包走进了一家卖衣帽的店铺,镜头里可以看到她右手向右侧的衣兜里揣了一样东西,事后证实是手机;11时15分30秒,该店铺斜对面的另一家店铺里走出一名中等身材的男子,径直走向赵同学,并将左手伸向了赵同学的右侧衣兜;11时15分42秒,持续了10秒左右后,该男子用左手将手机拿出,随后瞬间倒到右手,并立即揣进了右侧裤兜;11时15分50秒,得手的男子并未马上离开现场,而是又回到了斜对面的那间他刚刚出来的店铺里,停留了7秒钟;11时15分57秒,该男子走出店铺,整理了一下口罩后离开现场。该男子身穿灰色的连帽衫,戴褐色的口罩,还戴着一副眼镜,看起来文质彬彬。11时16分14秒,赵同学走出店铺,开始翻兜寻找手机,但没找到,于是在回到店铺寻找未果后报了警。

【案例13】2015年3月5日中午,贵州某学校的李同学在凯里地下商场买衣服,不料在付款时发现随身携带的2600多元学费不翼而飞。由于家境贫寒,李同学不敢告诉父母,但又不知怎么办才好,便一直守在商场,已经两天了。她的身后有几名妇女正在议论:“地下商场的小偷太多了,得好好管一管。”李同学守在服装店门口,希望扒手良心发现。

事情是这样的:李同学在3月5日中午12时到凯里大十字附近的信用社取学费,然后打算到另一家银行将钱打入学校账户。因银行大厅排队等候的人太多,她便将钱揣进裤兜,走出银行到凯里地下商场买衣服。挑中一条牛仔裤后,李同学根据店老板的提示进入简易的试衣间试穿。说是试衣间,其实是用一根弧形的不锈钢管套上布帘围起来的地方,就设在店面内。在试穿牛仔裤时,李同学随手将原来穿在身的裤子搭在穿布帘的不锈钢架子上。试完裤子后,她觉得很满意,便要付款,一摸裤兜,发现2600多元的学费和一些零花钱都不在了。她当即告知店老板,店老板也吃了一惊,说这地下商场扒手很猖獗,一不留神就会被偷。店老板说李同学被盗时他正在接待另一位顾客,没发现小偷行窃。“说实话,就是看见,我们也不敢说。”店老板说。

2. 公共交通工具

【案例14】2014年8月3日晚7时30分许,在广东佛山禅城区魁奇路地铁站C出口外的公交站上,黄某背着双肩包,手提黑色塑料袋,站在晚归的人群中显得不慌不忙。每当一辆公交车落客时,他就随人流挤上车,片刻后,又总像是选错了公交线路一样,从人群中退回来。前两次,黄某先后盯住一名玩微信的男子和一名戴着手机耳机的女子。黄某每次得手后，都镇定地侧立一旁观察，仿佛什么都没发生过一样，而不是赶紧转身避开受害事主。佛山禅城警方表示，公交扒窃案件中80%的受害人为"低头族"。"低头族"的这些乘车习惯被扒手成功利用起来。"包括早晚高峰期，扒窃往往发生在受害者注意力不集中的时刻，乘客在玩手机时通常防范意识最弱。"反扒队员阿峰说，扒手甚至只要特别注意手拿时尚手机的市民，就会"有收获了"。

【案例15】内蒙古某学校学生小严在2015年5月13日9时搭乘公交车外出时钱包被偷。案发一个小时后，民警电话联系小严，她才得知钱包被扒走。原来，小严搭乘4路公交车时感觉车上人比较多，就挪到了后门等候下车，下车后发现挎包是开着的。当时她也没在意，将挎包拉上后，就赶去办事。办事期间，小严接到民警电话，询问她是否丢失钱包，小严慌忙拉开挎包，才发现放在包内的钱包不翼而飞。据办案民警介绍，当天9时20分许，在4路车上的反扒民警发现一男子形迹可疑，一个劲在后门徘徊，在一女子下车时，男子趁机将女子挎包内的钱包扒走，两名反扒民警迅速出手将扒窃男子控制，此时发现受害人已经不见了。随后，民警根据钱包里的身份信息辗转找到了小严。

【案例16】乘客马先生在石家庄解放广场乘坐冯师傅所驾驶的131路公交车准备回正定。因为131路车为分段计费，到正定应付3元钱的票价。马先生是131路的常客，对票价非常熟悉，所以上车后就投了3元钱到投币箱。当他投完钱后，司机冯师傅却"不认账"了，硬说马先生只投了2元，要求马先生必须再补1元钱才能乘车。这让马先生十分生气，立即与冯师傅争论了起来。而冯师傅坚持说马先生少投了1元钱，并一再要求马先生掏出钱包，并瞅准机会对他使了个眼色。马先生这才觉得有点不太对劲，随即看了一下自己的单肩包。一看不要紧，他竟发现包的后侧已经被人用刀拉开了一个口子，包里的现金看得清清楚楚。马先生这才意识到，原来司机师傅如此刁难他，是想提醒他有小偷已经盯上他了，马先生连忙把包抱在胸前，才免于钱财的丢失。

3. 公共道路

【案例17】2014年7月12日早上9时左右，广州某学校学生小陈在北京路新大新门口一带，边走边用耳机听手机里的音乐，手机放置在右边衣服口袋里。突然间，音乐中断了，小陈下意识摸了下口袋，发现手机不见了。警方翻查监控录像，发现原来一名未成年男子一直尾随小陈，趁他不注意时伸出镊子夹走手机，全程不过5秒钟，等小陈回头查看时，该男子已飞快溜走。自6月底起，天河警方陆续接到多名事主报称手机失窃，情况都与上述案例类似。警方翻查诸多监控录像发现，事主手机丢失之时，都有一名"热心"的未成年男子给予帮助，手指小偷逃走的方向。警方随后查明，这名未成年男子就是小偷，是在上演贼喊抓贼的把戏。该团伙共有四人，租住在白云区的旅馆里，在上下班人流高峰时段出现在市内主干道、高档写字楼和商圈周围实施盗窃。

4. 网吧

【案例18】浙江某学校学生小王在临安一家网吧上网，起身上洗手间时，发现外套口袋被割开了一道口子，手机不见了。气恼之余，小王想起网吧装有探头，便立即去找管理员，要求看监控录像。录像记录了小偷偷走手机的整个过程：起初，小偷背着手站在小王背后，佯装看他打游戏，其实，当时两排计算机前都坐满，小偷一个人站着，显得很突兀，可所有人都专注地盯着屏幕，没察觉到小偷。确定没人注意自己后，小偷慢慢蹲下来，摸了一下自己的脚，似乎从皮鞋或袜子里掏东西，很可能是刀片之类的作案工具。接着他把手伸向了小王的外套右侧口袋。这时小王突然往椅背上一靠,身子还用力扭动了一下,似乎要挣脱什么,又扯了扯衣服,显然他下意识地感觉到了异样,不过马上又恢复了平静,都没回头看一下。几乎在同时,小偷迅速缩手,站起身来,显然手机已经得手。不知是原本就打算故作镇静,还是他意识到小王并没有发现自己,小偷仍站在小王背后,看了一会儿,才快步离开。看完视频,小王立即打110报警。"当时我在玩游戏,是太投入……当时是有感觉,衣服轻轻动了动,我就用手扯了一下。可我以为是被椅子钩住了,而且心思都在游戏上,所以没回头看身后……"小王说。

【案例19】2015年11月22日凌晨,某校学生小王和朋友在网吧上网时睡着了,他随身携带的背包却被人悄悄背走了,包里有价值25000多元的摄影镜头。小王在发现背包被偷后,向辖区的派出所报了警,后来警方调取了网吧的监控,发现这是一个"老手",对方进入网吧后没有上网,就一直坐在椅子上看东西。等他和朋友睡着后,对方背起他的背包就离开了网吧。

安全要领

通过对以上案例的阅读和思考,你是否认识到,这些案例无论从哪一个防盗角度来分析,其内容均包括三个部分:防盗意识、防盗措施和防盗习惯的养成。

防盗意识:据案件统计显示,学生安全防范意识差,是造成被盗案件频频发生的首要原因。许多同学在安全防范方面意识较差,大都以自我为中心,对别人的事不闻不问,对陌生人缺乏必要的警惕,而被盗案件发生后又很少有人会吸取经验教训,有的宿舍在一年内被盗多次,仍然不能引以为戒。在对宿舍盗窃案件分析的过程中我们发现,大多数同学出入宿舍不会随手锁门,个人贵重物品随意放置,对进入宿舍的陌生人很少过问,有些同学对宿舍钥匙保管不严且使用随便,让门锁成了摆设,使不法分子出入宿舍如入无人之地。

防盗措施:在具备了防盗意识后,学生才能针对不同的情形,有针对性地采用不同的防盗措施。有的同学明知道要防盗可还是被盗,就是因为防盗措施不得当。同样的情形,有的同学就可以有效地防范盗窃。防盗的基本方法分为人防、物防和技术防范三种。其中,人防是预防和制止盗窃犯罪唯一可靠的方法。物防,是一种应用最为广泛的基础防护措施。而技术防范,则是可即时发现入侵,能够替代人员守护且不会疲劳和懈怠,并且可长时间处于戒备状态的更加隐蔽可靠的一种防范措施。在条件允许的情况下,同学们要尽量综合应用这三种防范措施。

防盗习惯的养成:心理学巨匠威廉·詹姆斯有一段对习惯的经典注释:"种下一个行动,收获一种行为;种下一种行为,收获一种习惯;种下一种习惯,收获一种性格;种下一种性格,收获一种命运。"习惯是一种长期形成的思维方式、处世态度,习惯是由一再重复的思想行为形成的,习惯具有很强的惯性,像转动的车轮一样。人们往往会不由自主地启用自己的习惯,不论是好习惯还是不好的习惯都是如此。可见习惯的力量在不经意间会影响人的一生。一般来说,习惯可以在有目的、有计划的训练中形成,也可以在无意识状态中形成。而良好的习惯必然在有意识的训练中形成,不允许也不可能在无意识中自发形成,这是好习惯与不良习惯的根本区别。同样,真正持久的防盗行为应当是一种习惯性行为,只有这样,才能从根本上长久防范盗窃的发生。

生命与安全

下面,我们就从三个方面着手分析如何防盗。

一、防盗意识

1. 对陌生人的警觉意识

1)对在宿舍楼来回走动、窥测张望等形迹可疑的陌生人,应提高警惕、多加注意。遇到这种可疑人员,同学们应主动上前询问,如果来人确有正当理由,一般都能说清楚;但有的也会找各种借口进行搪塞,诸如找人、推销商品等。作案人行窃时,往往要找各种借口,如找什么人或推销什么商品等,见我们有所松懈、进出自由、房门大开,便来回走动、窥测张望、伺机行事,摸清情况并瞅准机会后就直接推门入室或撬门扭锁大肆盗窃。因此,如果来人说不出正当理由又说不清学校的基本情况,疑点较多且神色慌张时,则需要进一步盘问,必要时还可请他出示身份证、学生证、工作证等身份证明。如果发现来人携有可能是作案工具或赃物时,可一方面派人与其交谈以拖延时间,另一方面打电话给学校保卫部门并及时拨打110报警电话。

2)对年龄、穿着与学生相仿的陌生人也应产生基本的警觉意识。教室内盗窃的作案人大部分年龄、穿着与学生相仿。此类作案人选择的时间一般为晚上6时以后,选择的地点为靠近出入口的教室,趁教室内无人或人少的时间作案;侵财的对象一般为价值较高又易于携带的物品。对此类可疑人员的应对,应参照上述对在宿舍楼来回走动、窥测张望等形迹可疑的陌生人的应对方法。

3)对在校外遇到的陌生人,要保持高度的警觉意识。例如,在乘坐公交车时,对撑开报纸、雨伞或其他遮挡物的可疑乘车人员,与目标事主同步走动的可疑乘车人员,以及车上有空位、人少处也不去的可疑乘车人员,都应保持高度的警觉。

2. 对熟人反常行为的警觉意识

校园内盗现象并不是什么稀奇的案件,关键是此类案件让人防不胜防,并且公安机关很难侦破。例如,有相当一部分笔记本电脑盗窃案发生在学生上课期间,此时进出公寓楼的学生较少,并未发现案发时间段有陌生人出入,作案现场也无门锁被撬痕迹,经分析后,大多会认定为内部盗窃。

从近年来的一些内盗案件分析中发现,大多数内盗犯罪的学生都有笔记本电脑、手机等个人贵重物品被盗的经历。他们在被盗后无处发泄不满情绪,又为挽回所谓的"个人损失",走上偷盗别人笔记本电脑等的歧途。也有少数学生因经济困难,看着身边同学笔记本电脑被盗案件频发(没有破案),抱着侥幸心理,铤而走险走上盗窃的犯罪道路。甚至有个别学生在校期间爱结交社会闲杂人员,沾染不良习气,花钱大手大脚,经济拮据时受社会不良人员教唆,贪图小便宜为校外窃贼提供同学笔记本电脑、手机的使用信息,甚至趁同学们不在宿舍时引狼入室实施盗窃。

因此,每个学生应保守各自的银行卡、网银、手机、笔记本电脑等涉及的个人密码,切忌出于兄弟义气、盲目相信熟人而公开个人密码,进而招来不必要的财产损失。同样,切忌将宿舍钥匙、橱柜钥匙、行李箱钥匙等借给熟人使用,防止其盗配,给自己和舍友带来不必要的财产损失。

3. 对他人提示行为的警觉意识

在日常生活中,遇到盗窃行为,有时会有来自第三方的间接提示,遇到此类提示行为,同学们一定要敏感,要有一定的警觉意识。下列是来自公交司机的提示行为。

(1)一句播报重复多遍

"请不要在车厢内吸烟、饮食,别扔废弃物。""大家不要挤,往里面走。"如果发现公交司机将一句提示音反复播放多次,那么你就要注意了。坐公交车时,如果司机在一直播报此条提示音,那就是变相在提醒大家要看好自己的财物。有时候,公交车司机凭借经验会发现车上有可疑分子,往往会一面通过车厢后视镜观察,一面重复播报提示语音,引起大家的注意。

(2)直截了当提醒注意

"请乘客保管好自己的随身财物,防止丢失和扒窃!"通常,公交司机的这句提醒可不是随便说说,一般都是有所指的。看到有可疑的人上车,除了反复播报提示语音,司机最常用的提醒方式就是直截了当地提醒乘客保管好随身物品。由于一些惯偷往往是团伙作案,公交司机发现可疑分子却没有证据,只能如此提醒。

(3)"反常"行为震慑小偷

有时,发现小偷行窃,公交司机还会做出一些看似莫名其妙的"反常"行为,引起乘客注意,震慑窃贼。例如,明明没有老人和小孩,却重复播放着"请给有需要的乘客让个座";又或者明明车厢内没多少乘客,却一直重复"现在是乘车高峰,请相互照顾往里走"。除了提示音,还可能在夜间或清晨时,司机会突然把车厢灯打开。这些都是为了打乱小偷的盗窃计划。

(4)车内"往里走"

上车时,当司机说:"小伙子,你快往里走,拿好你的东西。"你该注意了,你可能已经被小偷盯上了。有的小偷会在上车后故意挡住司机视线,同伴则围住乘客准备下手。

(5)有心来"搭话"

"小姑娘,你的东西往里挪一挪吧。"有些司机发现乘客被贼盯上时,会主动和这位乘客打招呼,如询问到哪里下车,或是说几句看似多余的话,其实都是在提醒乘客防贼。

(6)没事紧急制动

车辆没有遇到转弯,司机却突然摁响车内的提示"车辆转弯请注意安全",这时你也要注意了。在没有遇到紧急情况时,司机突然紧急制动,这时候也有可能是因为小偷的手正在伸向你的钱包。

4. 对公共场所及其特殊时期的基本警觉意识

在工作日期间,上下车、上下班的市民和上下学的学生的防范意识较差,极易成为小偷下手的目标。从具体地点来看,客流量大的公交站点发案较多,其中,大多发生在乘客上下车之际。另外,公交车盗窃案多发生在车门部位或车上,被盗物一般是钱包、手机,受害人多是女性。

在节假日期间,商场、超市等购物或娱乐场所的消费者防范意识较差。首先,发生在商场、超市等购物或娱乐场所的盗窃行为大多集中在周六、周日及工作日的晚间。其次,小偷多选择吃饭的时间下手。再次,冬季商场、超市等购物或娱乐场所门口的门帘处最易被小偷盯上,很多小偷都是等在那里,人们习惯是将手中的电话在掀起门帘时自然地放进衣兜,而掀开门帘时,兜里的东西会自然暴露出来。最后,商场、超市等购物或娱乐场所没有摄像头的死角和人多的地方都需要特别注意。

门帘下的黑手——公共场所防盗

5. 对外置财物的警觉意识

许多同学贵重财物的丢失,主要发生在将财物外置这一环节。例如,不把教室视作公共区域,缺乏基本的警觉意识,将贵重物品置于教室,而教室无人看管的现象在很多校园内比比皆是。再如,将宿舍当作私人空间,用过的笔记本电脑不及时收起,随手摊在桌椅之上。以上这些财物外置的行为,不仅给了犯罪分子可乘之机,同时也导致了个人的经济损失。

6. 女同学需要升级的警觉意识

数据显示,被偷的受害者中女性多于男性,年轻女性多于其他年龄的女性。因为,女性的防范意识相对较差,偷盗行为即便被女性受害者发现,也大多是敢怒不敢言。男性易反抗,小偷很少选择男性下手。

7. 积极通过校方活动,培养并增强警觉意识

同学们通过积极参加教室和宿舍等场所的安全值班和巡逻,协助学校保卫部门做好安全防范工作,不仅可保护自己和他人的财物安全,而且还可以增强安全防盗意识,锻炼和增长自己社会实践的经验。

 "低头"引发的盗窃——公共交通防盗

二、防盗措施

1. 校内防盗措施

1)宿舍内不存放过多现金,贵重财物要锁好,离开宿舍务必锁门关窗。

2)安装牢固的门锁,使盗贼不能轻易破门而入。

3)注意钥匙的保管。保管好教室、宿舍、箱包、储物柜等处的各种钥匙,不能随便借给他人或乱丢乱放,以防"不速之客"复制或伺机行窃。

4)不要留宿外来人员。严格遵守学校学生宿舍管理规定,不要随便留宿不知底细的人,否则就等于引狼入室,将会后患无穷。

5)在教室、食堂、图书馆等公共场所不随意搁置手机等贵重物品,不用装有贵重物品的背包抢占座位,不让贵重物品离开自己的视线,同时最好多备几把锁,笔记本电脑等闲置时最好锁进柜子里,不给不法分子留下可乘之机。

 失窃就在一瞬间——宿舍防盗

2. 校外防盗措施

1）在商场、超市、网吧等购物或娱乐场所等公共区域，个人贵重财物应随身携带，临时离开也一定委托熟人代为照看。同时，把重要财物放在身前，放于手臂可保护控制的范围内。

2）在道路上切忌边走边玩手机，防止精力分散而被盗。夏季各类违法犯罪活动高发，女生更应注意避免夜间单独外出及独自留在教室。特别是校外河边，夜晚人少灯暗处，也容易发生盗抢和伤害事件。

3）乘坐公交车、地铁等交通工具时要做好的自我防范：

①上车前要多看。上车前等车的一小段时间是人最容易放松警惕的时候，也是窃贼下手的最好时机。因此，上车前要环顾周围，如果发现有人行为异常、上前贴身挤人，更要提高警惕，如果携带大件行李，要注意看管好行李。

②刷卡投币提前准备。在上车前就应该把零钱或公交 IC 卡准备好，避免上车时人多拥挤，他人乘你打开背包之机偷走你的财物。

③乘车时挎包贴胸前。在车站和人多的地方不要显露随身财物。带包乘车时要将包的拉链拉上，并尽可能将拉链面紧贴身体。另外，拎包、背包要放在胸前。

④保持警惕莫睡觉。乘车时不要打瞌睡，尤其在往返于市郊的公交车、地铁上更不要放松警惕。

⑤丢失财物快报警。发现钱物丢失要及时报警，避免引发其他冲突。

4）几种特殊易盗物品的防盗措施：

①现金。现金是一切盗窃分子图谋的首选对象。最好的保管现金的办法是将其存入银行。尤其是数额较大时，更应及时存入银行并设置密码。

②各类有价证卡等。有价证卡应当妥善保管，防止丢失或被人盗用。各类有价证卡最好的保管方法就是放在自己贴身的衣袋内，袋口应配有纽扣或拉链。如果参加体育锻炼等项活动必须脱衣服时，应将各类有价证卡锁在自己的柜子里，并保管好自己的钥匙。

有价证卡的密码应选择容易记忆且又不易解密的数字，千万不要选用自己的出生日期做密码，因为一旦丢失就很容易被熟悉的人冒领；在需要核对密码的场合，切忌旁若无人、大喊大叫，应轻声、快捷地处理。特别要注意的是，各种有价证卡不要与自己的身份证、学生证等证件放在一起，以防被盗窃分子一起盗走后冒领；当发现证卡等丢失后，应立即挂失并补办。

谁也不告诉——银行卡使用注意事项

③电动车、自行车等交通工具。电动车、自行车等交通工具被盗是一大社会公害，校园内也不例外。购买新车后，一定要按照有关部门的要求办理落户手续，因为，一些犯罪分子专挑不打钢印、悬挂车牌的车偷，以方便销赃，此类车一旦丢失，很难查找。要安装防盗车锁，养成随停随锁的习惯。骑车去公共场所，最好将车存在有专人看管的收费存车处。如果停放时间较长，最好加固防盗设施，如将车锁固定在物体上或将车放在室内。车一旦丢失，应立即到公安机关报案，并提供有效证件、证明及其他有关情况，以便及时查找。

④贵重物品。贵重物品如金银珠宝饰品、手表、便携电子产品、高档衣物等，较长时间不用的应带回家中或托给可靠的人代为保管。暂不使用时，最好锁在抽屉或箱（柜）子里，以防被顺手牵羊、乘虚而入者盗走。门锁钥匙不要随便乱放或丢失。在价值较高的贵重物品、

衣服上,最好有意地做上一些特殊的记号,即使被偷走,将来找回的可能性也会大一些。

5)关注各地公安机关的微博、微信公众号等网络传播途径,多学习了解安全知识,提高防护技能。

3. 盗窃发生后的应对措施

一旦发生盗窃事件,同学们一定要仔细分析,冷静地应对。

1)立即报告学校保卫部门或公安机关,同时封锁和保护现场,不准任何人进入,也不得翻动现场的物品,切不可急急忙忙地去查看自己的物品是否丢失,这对公安人员准确分析、正确判断侦察范围和收集罪证有十分重要的意义。

2)发现嫌疑人应立即报告学校保卫部门或公安机关。对小偷小摸的盗窃者,在人多的场合,可以高声喝令其停止盗窃,迫使其无法得逞;也可以告诉周围的成年人,共同制止其盗窃。对正在室内作案的盗窃分子,不应径直入室制止,而应迅速到外面喊人或报告巡逻民警及其他治安管理人员。如果发现已经得逞离开作案现场的盗窃分子,应当认真记住他们的特征和逃离去向;对有交通工具的作案者,可以记下他们车辆的型号、颜色、车牌号码,以便向公安部门报告,及时破案。不提倡同学们在无人协助的情况下独自去抓捕盗贼,一般情况下,我们应尽量避免与盗窃分子正面冲突,以免受到人身伤害;而要讲究方式方法,在确保自身安全的前提下,机智灵活地与盗窃分子做斗争。

3)配合调查,实事求是客观回答公安部门和保卫人员提出的问题。积极主动地提供线索,不得隐瞒情况不报,学校保卫部门和公安机关有义务、有责任为提供线索的同学保密。

4)如果发现存折、银行卡、公交卡、电话卡、消费卡等具有消费或取现功能的卡证被窃时,应尽快打电话、操作网银,或者直接到银行、商家或其他相关单位进行挂失。

戴耳机听歌,手机可以防止被盗?

人们有个误区,认为当用手机耳机听歌时,手机是相对安全的,因为一旦被偷,歌曲停止,会立即反应过来可能被偷了。但民警表示,这样其实特别容易被小偷盯上,成为作案目标。第一,小偷经常销赃,瞬间会根据耳机判断出手机型号及相应价值,让你成为目标。例如,iPhone就很容易从其耳机外观判断出。第二,耳机反而给小偷偷手机制造便利,甚至手都不用伸进兜里,用耳机线直接将手机拽出来,然后拔掉耳机,拿走手机。第三,下载的歌曲会出现卡壳的情况,或者两首歌切换时的空当,人们会忽视,再加上小偷手法之快,也就几秒钟,小偷就已得手,消失在人群中。

手机和钱包放在哪最容易被偷

根据警方多年的经验总结,手机和钱包放在以下位置最易被偷,排行如下:

1)上衣外兜。人们的习惯是,结账后顺手把钱包放在上衣兜,手机也如此。

2)双肩包。此类包放在身后,警方表示:"相当于给小偷准备的,随便打开。"

3)斜挎包。如果此类包甩在身后,风险等同于双肩包。民警提醒,各种背包在出门的时候最好放在身前。

4)后裤兜。后裤兜是男性比较习惯使用的,小偷用手指或镊子就可以很轻松地将钱包等财物夹出。

三、防盗习惯的养成

同学们,防盗习惯需要大家在生活中养成,在实践中培养;要培养好的防盗习惯,纠正不良的习惯。科学实践证明,当一个行为或动作每天都做,坚持 21 天,那么它就会变成一个习惯;如果持续了 90 天,那它就成为一个不容易改变的习惯。因此,请同学们记住以下需要培养的防盗习惯,在日常生活中逐渐养成。

1. 要养成随手关窗锁门的习惯

最后离开教室或宿舍的同学,要关好窗户并锁好门,千万不要怕麻烦。此外,同学们去水房、上厕所、串门聊天、外出吃饭、夜间睡觉、早晨锻炼或上早自习等,都要锁门。不要认为室内有人就放松警惕,要随手锁门。同学们一定要养成随手关窗、随手锁门的习惯,以防犯罪分子乘虚而入。由于不锁门窗引发的溜门翻窗盗窃案经常发生,此类案件的作案遗留痕迹较少,因此侦破难度较大。

2. 要养成贵重物品离窗的习惯

贵重物品远离窗户。小偷使用竹竿等工具,就可以从窗户伸进卧室将拎包"钓"走。警方提醒:夏日人们常打开窗户通风降温,不法分子趁房中无人或夜晚事主熟睡之机,以竹竿、铁丝等工具,从窗户"钓"走事主的衣裤、皮包等。因此,开窗通风时,钱包、手机等贵重物品要尽量放在远离窗户的位置,最好放到柜子、抽屉里,不给小偷可乘之机。

3. 要养成使用钥匙包(扣)的习惯

钥匙不要一把一把单独地随意放置,而要使用钥匙包(扣),将单个的钥匙进行归整。钥匙包(扣)不要随处乱放。此外,外出时一定要带好钥匙,不要将其遗忘在门锁上。

4. 要养成不露财的习惯

在公共场合,卡包、钱物等不要随意外露,以免引起窃贼的注意,并使其知道财物的具体位置,造成不必要的财产损失。

5. 要养成少使用现金支付的习惯

宿舍内或随身尽量少放、不放多余现金,尽量少携带、不携带贵重物品,较大数额的现金务必及时存入银行,贵重物品要妥善保管,以免失窃。

6. 要养成严守密码的习惯

不要轻易向外人泄漏银行卡、支付宝、微信钱包等电子支付工具的密码,以免被别有用心的人所利用。

7. 要养成背包前置的习惯

上街和旅游,尤其是女同学,最好把背包挂在胸前,钱财等不要放在伸手即可拿到的外衣和外裤口袋。

8. 要养成拉拉链(系扣子)的习惯

要养成衣兜和裤兜用后随手拉好拉链的习惯。与此同时,随身携带的箱包也一定要在每次使用后拉好拉链或系好扣子。

9. 要养成定时检查的习惯

以手机为例,养成手机看表的习惯。最好半个小时看一次,这样不仅可以防止手机丢失,还可以养成爱惜时间的好习惯。

10. 要养成远离车门的习惯

公共交通工具的车门附近,由于人流较大,往往是窃贼实施盗窃的"宝地"。所以,我们乘坐公共交通工具时,上车后要尽量远离车门,向人少的地方走。

安全掌握在自己手中,克服麻痹大意才能避免人身伤害及财物损失。

手机被盗后怎么办

1. 立即致电运营商,挂失、冻结 SIM 卡

中国移动:10086　　中国联通:10010　　中国电信:10000

2. 冻结支付宝账户

拨打 95188 报案,解除支付宝绑定。

支付宝冻结账户操作:

通过其他渠道登录支付宝账户→安全中心→急救包→快速挂失

3. 致电银行,冻结网银

工商银行 95588　　农业银行 95599　　中国银行 95566　　建设银行 95533

交通银行 95559　　招商银行 95555　　中信银行 95558　　光大银行 95595

民生银行 95568　　广发银行 95508　　浦发银行 95528　　华夏银行 95577

4. 冻结微信账号

登录腾讯安全中心 http://110.qq.com 冻结账号。

通过其他渠道打开微信→我→设置→账号与安全→微信安全中心→冻结账号

练习展示

1. 下课后,同学们纷纷来到食堂就餐,你和舍友也来打饭。此时,你们是否可以先用书包占座,打完饭后再迅速返回呢?

2. 你的朋友从外地赶来办事,他提出想在你宿舍留宿一晚。对此,你该如何处理呢?

3. 你和同学坐公交车去博物馆,突然,同学发现她的钱包不见了,里面有 500 元现金、若干张银行卡和超市储值卡等。对此,你应该如何帮助你的同学?

4. 假设你自习课期间回到宿舍取笔记本时,发现有一名年龄、着装均与学生相仿,但你又不认识的陌生人在你宿舍门口徘徊,你该如何应对?

5. 除了以上提出的防盗习惯外,你还能想出哪些需要注意的防盗习惯呢?

任务二　防抢劫

防抢歌

防范抢劫要牢记，预防发生有主意。

面对抢劫要理智，生命要比财产贵。

公共场所不露财，现金你要贴身带。

金银首饰和名牌，财产外露火上身。

银行取款得谨慎，留意其他"取款"人。

金额较大无人随，拨打电话民警陪。

日常出门找伙伴，偏僻小路不要去。

生人喊话不要停，不明缘由多是非。

天黑日暮少出门，车辆稀少行人无。

劫匪尾随别慌张，沉着冷静才能防。

人多灯亮方向走，拨打电话寻求助。

生人敲门别理睬，透过猫眼看看谁。

盲目开门风险大，引狼入室结局悲。

生人劝食嘴别馋，礼貌回绝不失礼。

麻醉抢劫要提防，保持距离把他防。

遭到抢劫你别慌，沉着冷静将他晃。

观察环境想办法，伺机逃脱去报警。

条件不利暂隐忍，机警应对损失少。

舍财保命是原则，盲目反抗不值得。

被抢之后把警报，若不报警贼胆壮。

破案线索很重要，发案现场要记牢。

劫匪特征不能忘，破案要靠信息全。

　　随着社会主义市场经济的深入发展，我们处在社会的转型期，在这个时代，社会矛盾频发且容易激化，相对应的在社会治安方面的体现，就是暴力案件数量的上升，尤其是以财物为目标的抢劫案件。

　　那么，什么是抢劫？我国相关法律规定：抢劫，是指以非法占有为目的，以暴力胁迫或者其他方法施行将公私财物据为己有的一种犯罪行为。其中的"暴力"，是指行为人对被害人的身体实行打击或强制，较为常见的有殴打、捆绑、禁闭、伤害，直至杀害。其中的"胁迫"，是指行为人对被害人以立即实施暴力相威胁，实行精神强制，使被害人恐惧而不敢反抗，被迫当场交出财物或任财物被劫走。这里的"其他方法"，是指行为人实施暴力、胁迫方法以外的其他使被害人不知反抗或不能反抗的方法。凡年满14周岁并具有刑事责任能力的自然人，均可以构成抢劫罪的主体。

此类犯罪行为不仅会侵害他人的财产权利，造成被害人的财物损失，而且极易转化为伤害、强奸甚至凶杀等侵犯人身权利的恶性案件，对被害人的身心产生不同程度的伤害（尤其是对青少年心理产生较大的负面影响）。因此，它比盗窃行为更具有社会危害性。为了保护青少年的健康与安全，防抢劫就成为一项不容回避而又亟待研究的任务。

对此，本任务根据抢劫案件的一般发展过程、对财物的侵害程度及案件完成的状态，以时间段为切入点，将下列抢劫案例分为三个部分：抢劫预备、抢劫未遂和抢劫既遂。

其中，抢劫预备为作案人在实施危害行为前就被发现而抓获，或者因各种原因而放弃继续作案，没有造成财产损失和人身伤害，故此类案件较少为大众所知晓。但是，通过研究抢劫预备类案例，我们可以重点分析该类型案件中作案人的准备工具、制造条件等，重点研究该类型案件中作案人的心理预期（如抢劫哪一类被害人等），从而，为我们提前预判潜在抢劫的可能性提供重要的推理线索，这将大大有利于我们将防范抢劫的时间前移。

在抢劫着手（开始直接侵犯法益）后，以是否劫取到财物为标准，我们将抢劫分为抢劫未遂和抢劫既遂这两类案件。通过二者的比较，我们可以更好地总结出更为可行、更为科学的防范和抵御抢劫的方法。一些抢劫案件中的伤亡发生，往往令我们感到震惊、叹息和同情。残酷冰冷的结果多次出现，一再地警醒我们：一定要以更加科学的方式来防范、应对抢劫行为，从而，避免财产的损失及人身伤亡。

在阅读下列案例的过程中，希望同学们可以一边想象犯罪人的心态，一边设想如果自己是被害人又将如何应对。

第一类　抢劫预备案例

通过以下几个案例，请同学们重点思考以下两个问题：

第一，作案人是否携带危及人身安全的作案工具？是否为作案创造了有利的条件？这些条件又有哪些？

第二，作案人是否盲目地寻找作案目标？如果不是，作案人对假想目标设定的标准是什么？

【案例1】2002年1月4日夜，陈某和何某经事先预谋，携胶带纸、折叠刀等作案工具，窜至嘉善县魏塘镇城区寻找目标，准备采用胶带纸封嘴、用刀胁迫等作案手段实施抢劫。两人先窜至环北路立交桥花坛处，未寻找到合适的作案对象，后又窜至思贤商场附近准备伺机作案，被公安机关当场抓获。

【案例2】2015年10月1日下午，王某甲和王某乙携带事先准备的绳子、口罩、手套、鸭舌帽、金属链、眼罩、仿真枪等作案工具，从桐庐租乘轿车至杭州市富阳区富春街道沃尔玛超市附近，二人先结伙后分头在富阳城区寻找高档车、物色抢劫目标。至当晚10时左右，二人一直未找到合适的抢劫目标，便约定在沃尔玛超市门口会合回去，王某乙在会合的路上因形迹可疑被巡逻民警抓获，并从其身上背包内搜获大量作案工具，王某甲则自行乘车潜回桐庐。

【案例3】史某和吴某系运城某校学生。2012年4月，史某和吴某预谋抢劫，二人购买一把水果刀，来到运城市火车站附近伺机抢劫，后二人心生惧怕，离开现场。

第二类　抢劫未遂案例

在下面案例的阅读过程中,请同学们重点思考以下两个问题:

第一,若被害人不反抗,在作案人无法当场取得财物的情况下,其是否还会对被害人施加人身伤害?

第二,若被害人反抗,一般情况下,被害人是否一定能保住财物?是否能够确保自身的安全?若想保住财物,被害人是否必须在第一时间和作案人进行直面对抗?

1. 不予反抗,财保人安

【案例4】2004年9月6日晚12时左右,崔某在嘉善县魏塘镇解放路和施家路口,发现骑车赶路的女青年崔某,便携带水果刀骑车尾随该女青年至施家路至泗洲公园南大门以西18米处,见四周无人,便上前以刀相威胁和搜身等手段对崔某实施抢劫,后因未找到财物,又逢路人经过遂逃离现场。后在永安里大门口被当场抓获。

【案例5】2005年5月10日凌晨,王某伙同他人,经事先预谋至嘉善县经济开发区台升大道与善江公路交叉口南侧约200米处的人行道上,强行将骑自行车经过的杨某拦下,王某用拳头殴打杨某,要求杨某把钱拿出来,又将杨某带至边上草丛里搜身实施抢劫,因杨某身上无财物而未得逞。5月11日凌晨,王某又伙同他人经事先预谋至上述地点,强行将骑自行车经过该处的宋某拦下,王某用巴掌殴打宋某,要求宋某把钱拿出来,又将宋某带至边上草丛里搜身实施抢劫,因宋某身上无财物又未得逞。

2. 实施反抗,财保人安

【案例6】2009年年初,从某名牌大学毕业的张某在网上看到北京某商贸公司经营信用卡提取现金和代还款业务的广告。因生活费无着落,张某找到位于北京市朝阳区的这家公司,并多次在该公司办理信用卡提现业务。在办理业务过程中张某发现,该公司长期只有王某一人负责接待,大量现金散放在抽屉内。张某萌发了抢钱的念头。2009年11月,张某携带电击器及其他作案工具来到该商贸公司,假装让王某帮他办理信用卡业务。趁王某办理业务之机,张某绕至其身后,掏出电击器对其电击,并要求其交出钱来。出乎张某意料的是,王某并未被电击器击倒,反而立即起身大喊:"你想抢劫!"后王某将张某扑倒在地,并与闻讯赶来的保安一起将张某制服并报警。

【案例7】王某和廖某多次预谋实施抢劫。2005年7月14日晚,两人至嘉善县大云镇中心学校旁的双云公路十字路口朝西约150米的村道处,见曹某单人骑自行车经过,廖某即上前采用抓衣领、拳头殴打曹某脸部等手段对曹某实施抢劫,后由于曹某趁一位群众驾驶摩托车路过而高呼"抢劫",廖某惊慌逃离现场。王某在逃离过程中被闻讯赶来的徐某等群众扭住。王某用脚踢徐某,造成徐某的右手手臂骨折。

3. 实施反抗,财保人伤

【案例8】2010年11月19日晚,钟某至某市解放中路199号101室外,用事先准备的剪刀剪断窗栅后钻窗入室欲实施盗窃,后被人发现,在被害人沈某等三人上前抓捕时,钟某抗拒抓捕,手持剪刀乱挥并威胁说:"谁上来就捅死谁。"在此过程中,钟某将被害人沈某的右手掌刺伤、左眼打伤。

【案例9】2014年6月18日晚,丁某携带水果刀、手套等翻墙入院,撞开后门进入牌友马某家中欲行盗窃,恰逢马某回到家中,丁某遂躲进北卧室。马某到卫生间准备洗头发,丁某

生命与安全

即持刀上前欲行抢劫,马某见状呼救。丁某抓住马某,逼其说出银行卡密码。为防止马某再次呼救,丁某将其杀害。

【案例10】2013年5月26日下午,吕某因毒瘾发作产生抢劫他人钱财购买毒品之念。当日下午3时许,吕某从家中携菜刀至某路段寻找作案目标。后吕某见被害人许某独自经过,即持刀上前逼迫许某交出财物。许某拒绝,吕某持刀砍击许某,许某抵挡并呼救,吕某将许某拽至路旁稻田里将其杀害。

第三类　抢劫既遂案例

在阅读此类案例的过程中,请同学们重点思考以下两个问题:

第一,若被害人不反抗,在作案人当场已经取得财物的情况下,其是否还会对被害人施加人身伤害呢?如果继续施加暴力,又当如何应对呢?

第二,若被害人反抗并造成自身的伤亡,人身安全和财产完整哪一个更加重要?

1. 不予反抗,财损人安

【案例11】作案人张某供述,由于吸毒没钱了,他在2014年6月15日晚9时左右,在第一次实施抢劫的同一个地点又抢了一个女学生,作案手法和前次的一样,也是抢了一个包,包内有102元钱和一部白色手机,一串钥匙。他就把钱和手机拿上,把包和钥匙扔了。

被害人张某陈述,2014年6月15日晚上9时左右,当她走到邮政局家属院院墙角落时,有一个人从她后面拿刀放在她的脖子上对她说:"别说话,把手机和钱都拿出来。"张某说她还是学生,只有100多元钱。接着那人就把她拉到旁边菜地里,把她的黑色皮包拿着跑了。

【案例12】2008年10月26日晚9时许,李某伙同张某、刘某、何某等人在西安市一家网吧门口聊天,当时几个人都说转一圈,如果遇到学生能抢就抢,于是他们就顺着大道走,张某和刘某在后边走,其余的人在前边走,走到某学校大门口伺机抢劫。他们向四名学生要钱,学生说没钱,用手机顶替,于是他们就把学生的三部手机和一部MP3播放机拿走了。

【案例13】2008年7月1日晚11时左右,三名男子悄悄进入陇县杜阳镇杜阳中学的10号宿舍。由于当时天热,宿舍门开着,里面住着八名未成年的学生。三名男子将学生单个叫醒进行威胁、恐吓,索要钱物,然后再喝令被劫学生用被子将头蒙上,不许出声,要是稍有反抗或遇上没钱的学生,三名男子就用砖头及皮带殴打。抢劫完后,三名男子又来到隔壁住着十四名学生的11号宿舍门前。由于该宿舍大门上的窗户已坏,他们拿掉学生用来顶门的木棍,采取同样的手段抢劫学生。据事后统计,两个宿舍二十二名学生中的十四名学生随身钱物被抢,多名学生遭到殴打,共抢走现金70多元及手电筒、手表等随身物品,整个抢劫时间持续长达1个小时。时任陇县公安局杜阳派出所所长闫林军说,当三名劫匪从10号宿舍进入11号宿舍进行抢劫时,10号宿舍的同学们完全有机会向值班老师报警,但可能是受到惊吓或害怕,孩子们没有那么做。

【案例14】2013年3月上旬的一天,梓潼县公安局某派出所接某镇村民谭某报警称,其16岁的儿子在县城某职校读书,前两天返校途中,被同校同年级学生俞某、谢某等五人语言威胁后,带至学校5楼男厕所里,打倒在地,抢走身上仅有的20元钱后,俞某等人还威胁其儿子必须在下周再拿500元现金,否则就剁掉手指。"我儿子被抢后,连吃饭的钱都没有,后来实在没办法了,才回来跟我们要钱。"谭某愤怒地说,"这些殴打、抢劫我儿子的学生也太无法无天了,居然敢在学校里抢劫。"接警后,警方迅速介入,很快查明以俞某为首的七人均为某职校二班学生,在 2012 年 9 月至 2013 年 3 月期间,对该校一班学生谭某暴力抢劫十七次,共抢劫现金 272 元用于买零食、上网。在十七次暴力抢劫中,除了三次是谭某在返校路上遇到俞某等人,被强行带至偏僻地方施暴抢劫外,其余十四次均是在该校教室、厕所里抢劫的,其中在教室里抢劫次数最多。

【案例 15】马某是龙州某高中学生。2016 年 11 月 21 日晚上 9 时许,他经过龙州大桥时,被一名骑电动车的男青年用尖刀顶住腹部,抢走手机一部。马某当晚见到与其会面的两名同学后,讲述被抢经过。凑巧的是,他们在谈话时,刚好那名劫匪骑着电动车经过。马某认出了劫匪,大叫着追了过去。劫匪急忙调转车头跑了。马某与两名同学赶紧借了一辆电动车追赶,一直追到蚬木林场,发现劫匪走进一间屋子。三人过去敲门,开门的正是那名劫匪。看见受害者追上门来,劫匪只好把抢到的手机退还给马某。接过手机,马某发现手机显示屏裂了,便要求劫匪修好。劫匪答应两天后再找钱修理,马某等人便先将手机拿回,但没有报案。一直等到 12 月 3 日,马某见劫匪没有修理手机的意思,又与同学去劫匪家。同校的学生林某因手机也被抢过,就与他们一起去辨认。两名劫匪落网后,警方发现,劫匪闭某的相貌特征及所骑的电动车,经常被多名受害学生在街头看到,有的甚至知道抢劫他们的就是闭某,可因为害怕劫匪的威胁及"要回手机就算了"等原因,屡屡给了闭某"放虎归山"的机会,也导致闭某与同伙多次作案。例如,2016 年 6 月的一天下午,周某在学校校门旁被闭某抢走手机一部。当时,他的同学想报案,可被他制止了,因为闭某威胁不能报警,否则就打死他。闭某其实对这里的学生来说并不陌生。在闭某屡屡抢劫学生后,同学们还经常发现他在学校附近闲逛,常骑一部暗红色的电动车,有很多同学被他恐吓过并索要钱物。

【案例 16】2014 年 11 月 15 日晚 7 时许,冯某甲、冯某乙在山西省榆次区某学校东门 300 米处伺机作案。当日晚 10 时 30 分许,被害人学生高某、张某路过此处时,二人迎上去,冯某甲先是拉住了其中一个女生,正准备拉另一个女生的时候,那个女生就跑了,冯某乙就去追。追的过程中,冯某乙看见那个女生边跑边打电话,让她的朋友来接她们,冯某乙就停止追那个女生并且返回冯某甲处。冯某乙看见冯某甲用手抓住了那个没跑掉女生的胳膊,并已经把这个女生的手机抢在手里。冯某乙当时听到冯某甲问这个女生有没有钱,就过去后也推了一把这个女生,然后跟冯某甲说快跑,要来人了。然后,两人就顺着路边往西跑了,二人抢得该女生手机一部。

【案例 17】2016 年 10 月,在江西某大学附属中学凤凰洲校区附近,时常出现几名嫌疑人尾随放学后的中学生进行抢劫。据凤凰洲派出所民警调查,此类案件的嫌疑人均为未成年人。遗憾的是,在调查中有不少中学生都自称被抢过,但目前主动报警的只有小齐一人。18 日下午 6 时许,小齐在放学后回家的路上遭遇两名男子拦截。两人以语言威胁,让其三日内准备 300 元钱,不然"看着办"。根据小齐的描述,两名男子的年龄都不大,讲南昌话。"我们班有好几个人都被抢过,他们专找穿校服的学生下手。"小齐说,嫌疑人常常尾随放学后的中学生。他们走到小区偏僻地段时,便采取以语言威胁、强行搜身等手段,抢劫学生的钱物,被抢金额达几十元至几百元不等。

【案例 18】2013 年 5 月中旬,冯某以威胁、殴打的方式要求田某将家中的计算机拿给自己,因田某的奶奶阻止其外出而未得逞。5 月 23 日,在冯某再次恐吓、威胁下,田某被迫将家中的计算机交给冯某。2013 年 5 月 20 日下午,冯某在雨城区电力公司附近,将放学回家的康某拦住,并带至张家山公园,以语言相威胁,强行从康某处抢走苹果手机一部。2013年5月25日晚9时许,冯某将放学回家的杨某拦下,以威胁、殴打的方式强行要求杨某从家中拿出一条项链和一个吊坠后,将其劫走。2013年7月8日,冯某通过威胁的方式,将在雨城区第一中学打篮球的裴某带至电子城,以暴力殴打方式强行劫取裴某手机一部。2013年7月10日晚7时50分,冯某指使刘某打电话让被害人左某到雨城区第六小学,冯某以虚构的事实要挟,将左某带至东安明珠等地。当晚9时,冯某以言语威胁,胁迫左某到某网吧借朋友徐某的电动车。晚10时,冯某将左某带至三雅园河坎下,采取语言恐吓威胁,展露随身携带刀具等方式,强行抢走左某手机一部及电动车一辆。

【案例19】2014年7月3日晚,邵某、方某甲、方某乙三人预谋劫取他人财物。当晚11时许,在咸阳市某学校门口,三人将该校学生曹某挟持,搭乘出租车至一处加油站附近的巷子中,对其进行恐吓,并从其身上抢走手机一部,后在渭城区迎宾大道十字路口放走被害人并让其返回学校继续筹钱。被害人曹某在返回学校途中向公安机关报警。次日凌晨1时许,渭城公安分局民警将邵某、方某甲、方某乙一同抓获,手机后被追回。

【案例20】2011年11月12日,李某甲、李某乙和李某丙一起去抢劫。李某乙租用湘K×××××黑色现代小客车后,三人一起驾车到双峰县城寻找作案目标,并将租来的小车换上粤A×××××的假牌照。当日9时许,三人在双峰县武装部附近发现独行的妇女王某,李某甲和李某乙一起将王某强行拖到车上,李某乙动手劫取了王某现金4000余元及价值6110元的黄金项链一条(含黄金吊坠一个)、黄金手链一条和银行卡。接着,李某乙持水果刀逼王某说出了银行卡密码。然后,李某甲持王某的银行卡在自动取款机上共计取款7000元。之后三人给了王某200元路费后逃离。

随后,三人又驾车到娄底市城区寻找作案目标。某日晚12时许,三人看到一名18岁左右的女性独行,李某甲和李某乙先下车跟踪,李某丙开车停在她旁边后,李某甲和李某乙即将其强行拖到车上。李某乙动手劫取女青年200余元现金和一枚黄金戒指。三人在某处将她放下车后逃离。

某日9时许,三人看到严某一个人走路,李某丙即驾车停在严某身旁,李某甲和李某乙一起将严某强行拖到车上,李某乙动手劫取了严某的500余元现金,李某甲动手劫取严某的一枚银戒指。三人给了严某10元路费后逃离。

2012年3月7日,李某甲、李某乙和李某丙聚在一起,驾车到双峰县城寻找作案目标。当日晚7时许,三人将独自行走的李某强行拖到车上。李某乙动手劫取了李某的1000余元现金、数张银行卡和两本存折。然后,李某乙逼李某说出了银行卡和存折密码。次日,李某乙持被害人李某的存折先到银行取了10000元,后李某乙又持被害人李某的另一本存折到银行取了19000元。之后,三人退还被害人李某500元后逃离。

2. 盲目反抗,财损人伤

【案例21】2014年3月4日下午1时左右,唐某从绍水市场沿铁路往绍水高中方向行走,行至铁路桥时,发现有四名十多岁的女学生坐在铁路桥旁边嗑瓜子,就问那四名女生是不是在绍水高中读书,并对其中一名女生讲"一脚把你踢到江里面去"。他见那四名女生想走,就用刀刮伤了一名女生的手。之后,四名女生沿铁路逃跑,唐某追上一个较胖的女生,持刀威胁道:"把手机给我!"那名女生就把手机交了出来,其接过手机发现有人过来,就往旁边逃走了。

【案例22】邯郸市两名初中生放学回家途经某公园门口时,突然遭到两名男青年围堵、拦截。令人震惊的是,歹徒竟然在大庭广众之下实施抢劫,而且只因抢到9元钱,就恼羞成怒地抢起自行车锁将其中一名中学生的头部打成重伤。

案情回放:16岁的小泽系邯郸市某中学初三学生。2016年10月7日晚6时许,小泽放学后与一名同学骑自行车回家,途中,两名男青年骑着一辆电动车把他们拦住。对方先是拿起小泽自行车上的车锁,然后问:"身上有没有钱?"小泽的同伴见状吓得主动交出1元钱,小泽却称自己身上没有带钱。两名青年不信,走过来欲强行搜身,小泽赶忙给了8元钱。可两名青年嫌钱少,还要继续搜查小泽的身上有无现金。其间,小泽看到路上人来人往,试图进行反抗,没想到一名青年抢起手上的车锁砸向他的头部,并拳脚相加。直到小泽被打倒在地,两名青年才骑车逃离现场。

【案例23】2016年1月25日,十堰市一名14岁初三男生为买一块手机电池入室抢劫,并将一名20岁女大学生张某杀死。张某今年20岁,是武汉市某学校学生,学校放寒假后不久才回到家。1月19日下午,张某在送妹妹上学返家途中,被住在楼下的柯某尾随敲门入室,残忍地将其杀害。民警于当日晚8时将犯罪嫌疑人柯某抓获归案。经查,柯某是某中学初三学生,年仅14岁。19日下午2时许,正愁无钱购买手机电池的柯某发现与其住在同一单元601室的受害人张某独自一人回家,当即产生抢劫的念头。在尾随受害人张某回家并确定其独自一人后,柯某返回自己家中携带凶器到受害人家敲门,伺机入室抢劫。张某开门后,柯某持刀将其逼入室内实施抢劫,抢得200余元。因害怕张某下楼报警,柯某将张某杀害,随后逃离现场。

安全要领

同学们,以上案例中既有被害人"功成身退"(人财两全)的,也有被害人"丢卒保车"(舍财保身)的,相信你们对此一定产生了诸多的想法,产生了种种感悟,仿佛明白了一些内容,但又会有一定疑惑。例如,为什么同样是反抗抢劫,有的被害人不仅毫发无损甚至能抓获作案人,有的被害人却在反抗中财损人伤呢?

《孙子兵法·谋攻篇》中说:"知己知彼,百战不殆;不知彼而知己,一胜一负;不知彼,不知己,每战必殆。"这段话的意思是说,在军事纷争中,既了解敌人,又了解自己,百战都不会有危险;不了解敌人而只了解自己,胜败的可能性各半;既不了解敌人,又不了解自己,那只有每战必然失败。实际上,应对抢劫就好比一场战斗,我们同样要强调"知己知彼"这四个字,要在充分了解抢劫案件的一般特性的基础上,针对具体个案中的具体情形做出正确的判断,选择有效的防范方法和策略,从而最大限度地降低被抢劫的可能性,减少财产损失,避免无谓的人身伤亡。

下面,我们就从抢劫案件的一般特性开始,全面分析抢劫案件的相关特点。然后,再尝试着结合具体个案进行归纳总结,找到具体应对的有效方法。

一、抢劫案件的一般特性

1. 抢劫预备(未着手实施抢劫)

(1)作案人为实施抢劫准备工具

作案人为实施抢劫一般会提前做好准备,用购买、制造、盗取等方法获取以下几种抢劫用工具。第一,用以伤害抢劫对象或防止抢劫对象反抗的器械物品,如枪支、刀具、棍棒、绳索等。第二,用以破坏、获取抢劫对象财物,或者用以破坏、排除抢劫障碍物的器械物品,如钳剪、刀斧、锯锉、爆炸物等。第三,为达到或逃离犯罪现场或进行抢劫活动的交通工具,如汽车、摩托车等。第四,用以排除障碍、接近犯罪对象的物品,如翻墙爬窗用的梯子或绳索等。第五,用以掩护犯罪实施或消灭罪证的物品,如作案时戴的面罩、作案后灭迹用的化学药品等。犯罪工具本身的危害性和复杂性可以反映出该抢劫行为不同的危害程度。

（2）作案人为实施抢劫制造条件

作案人为实施抢劫制造的条件可以分为以下几种:第一,为实施犯罪事先调查犯罪场所、时机和抢劫对象行踪;第二,准备实施犯罪的手段,如为实施入户抢劫而事先练习爬楼入窗技术;第三,排除实施犯罪的障碍;第四,追踪抢劫对象、守候抢劫对象的到来或进行其他接近抢劫对象、接近犯罪对象物品的行为;第五,出发前往犯罪场所或诱骗被害人赶赴预定犯罪地点;第六,集结同伙,进行犯罪预谋;第七,为实施犯罪和犯罪后逃避侦查并规划线路和制订计划等。

2. 抢劫着手（正在着手实施抢劫）

（1）语言威胁

作案人通过言语的恐吓（一般辅以凶器）压制被害人的反抗,从而用最低的"成本"达到抢夺财物的最终目的。

（2）暴力压制

暴力压制是指作案人采用轻微暴力和言语威胁相结合的抢劫行为,如拦下骑车人后进行殴打,然后索取钱财。

（3）其他方法

作案人对抢劫对象使用事先准备好的麻醉物品,待抢劫对象昏迷或神志不清丧失抵抗能力后,再劫取财物。

3. 抢劫既遂（劫取财物后）

（1）逃离

单纯以取财为目的的作案人,在取财后,一般都会迅速逃离作案现场。

（2）加害

不限于以取财为目的的作案人,在取财后,会为了延迟（或防止）被害人报案而故意伤害（杀害）被害人,或者对女性被害人实施性侵。

二、抢劫案件的应对措施

1. 抢劫预备的应对措施

针对抢劫预备中的准备犯罪工具和制造犯罪条件的行为,同学们从预防抢劫发生的角度出发,注意以下的事项并采取相应的防范措施。

（1）提高防范意识

没被抢劫过,不代表你永远不会遇见坏人。遇到形迹可疑的人员,一定要产生警惕意识。

（2）公共场所不露财

外出尽量不要携带过多的现金和显眼的贵重物品,如果需要携带较多现金或贵重物品,则将现金或贵重物品贴身携带,不要置于手提包或挎包内,以免让他人知道;尤其不可外露或向人炫耀现金或贵重物品,以防不测。女性外出,穿戴适宜,尽量使自己的行动更为方便,在公共场所尽量别戴金银首饰,以免引火烧身。

(3)日常出门不独行

日常出校上街,应结伴而行。路上遇有汽车、摩托车、陌生人突然靠近时,要提高警惕。对于地处郊区或偏远地区的学校,学生更应提高防范遭遇抢劫的警惕性。

(4)结伴共出行

假期回家、外出旅游、参加社会实践时,在途中要尽量结伴而行,注意周边人员的情况,陌生人靠近时,加强戒备,尽量不要夜间乘车。

(5)生僻路段不涉足

不去行人稀少、环境阴暗、偏僻的地方闲游、散步,不在僻静的地方活动,宁可多走点路,也不要步入僻静街巷、小道。

 远离生僻地——预防抢劫威胁

(6)夜幕来临少出门

尽量减少或避免夜间单独外出、晚归或通宵在外夜不归宿。

(7)尾随摆脱不要慌

发现有人尾随或窥视应迅速避开,往有人群的地方靠拢。不要紧张露出胆怯的神态,可回头多盯对方几眼,或者哼首歌曲,并改变原走路线,朝人多、有灯亮的地方走,并同时立即用手机通知亲友接护。

(8)陌生人敲门要提防

遇有陌生人敲门,应问明身份情况再决定是否开门。不要让人以任何借口叫开房门而造成人身伤害或财产损失。最好要在门上安装"猫眼""安全链"(图1-2),防止犯罪分子闯入作案。

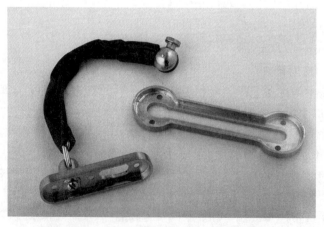

图1-2 可以防止他人直接闯入房间的安全链

（9）银行取钱有帮手

到银行等机构存取较大数额的钱款时，要有人陪护；必要时，可以拨打110报警电话请求警察协助取款。

2. 遭遇抢劫时的应对措施

当抢劫案件发生时，首先应保持镇定，冷静地分析作案人使用的作案手段（方式）和威胁程度，作案人取财的心态，敌我力量的对比（人数、体格等），以及周边环境的预判（时间的早晚、地点是否荒僻、地形是否复杂和往来人员及其施救的概率），从而综合各个因素及时做出应对。

（1）遭遇抢劫，保证人身安全不受侵害最重要

面对歹徒威胁，在综合衡量各个因素后，只有在确定对方的实力不如己方时，才提倡与犯罪分子做斗争。不要一遇到抢劫就尽力反抗，尤其切记要避免和犯罪团伙发生正面冲突。因为，作案人作案时往往结伙作案，手持凶器，反抗通常需要具备充分的能力或有利的时机，才能制服或使作案人丧失继续作案的心理和能力。

案例6中，被害人王某在未被电击器击倒的同时，迅速意识到了抢劫行为，立即起身大喊抢劫，并将犯罪嫌疑人张某扑倒在地，闻声赶来的保安一起将张某制服并报警。同学们，本案中被害人王某的警觉意识和赶来的保安，都为王某制服犯罪嫌疑人张某创造了条件。但是，设想被害人王某若没有闻声赶来的保安的帮助，单独一人与犯罪嫌疑人张某搏斗的话，后果又有可能会怎样？

我们再来比较一下案例10和案例11这两个案例：

在案例11中，作案人张某由于吸毒没钱了，在晚9时左右抢了一个女学生。该女学生面对作案人的持刀威胁，说自己还是学生，只有一百多元钱，然后就让作案人把她的包拿跑了，她自己没有受到伤害。但是，在案例10中，作案人吕某因毒瘾发作持刀抢劫被害人许某，逼迫许某交出财物，许某拒绝，吕某持刀砍击许某头部，致许某失血性休克死亡。这两个案例中，面对吸毒人员持刀抢劫，在没有援助的情况下，相较于财物的损失，生命的逝去更让人叹息和遗憾。

同样，在实施反抗、财损人伤的几个案例中，因为盲目反抗，被害人或者受伤或者付出了生命的代价，这都需要我们认真反思，从而总结经验，引以为戒，避免类似的惨痛事件再次发生。

（2）作案人正在施暴时，要尽量与其进行周旋

作案人正在施暴时，被害人可利用有利地形和身边的砖头、木棒等足以自卫的武器与作案人形成僵持的局面，使作案人短时间内无法近身，以便引来援助者，并且对作案人造成心理上的压力。

案例8中，作案人钟某为抗拒抓捕，手持剪刀乱挥并威胁说："谁上来就捅死谁。"结果被害人沈某等三人上前抓捕过程中，沈某的右手掌被刺伤、左眼被打伤。本案中，作案人已经持有凶器，并且殊死反抗，在此类情况下，不要贸然上前抓捕，而应立即报警，等警方或其他增援力量赶到后再进行抓捕就更为安全了。

（3）敌强我弱，伺机脱身

实在无法与作案人抗衡时，可以看准时机向有人、有灯光的地方或宿舍区奔跑，并且要边跑边呼救，或者拨打报警（救援）电话。

在案例16中就可看到这种措施的有效性,被害人之一利用作案人冯某甲拉住了另一个被害人的空档,迅速跑掉,并且边跑边打电话,让她的朋友来接应,正在追这名被害人的作案人听到该信息后,不仅停止了追赶,而且立即放弃已经被控制的另一名被害人,迅速逃离现场。

(4)脱身不成,要巧妙麻痹作案人

当自己处于作案人的控制之下而无法反抗时,可按作案人的需求交出部分财物,并尝试对作案人进行说服教育、晓以利害,从而造成作案人心理上的恐慌。切不可一味地求饶,应当尽力保持镇定,稳住作案人的情绪,表明自己已交出全部财物并无反抗的意图,使作案人放松警惕,创造条件并找准时机进行反抗或逃脱其控制。

案例12中,四名学生面对劫匪向他们要钱的抢劫行为,没有盲目反抗,而是说服劫匪用手机顶替钱,最终四名学生以三部手机和一部MP3为代价,安全脱身。

(5)合理应用大声呼救法

无论在任何情况下,我们反对遇到抢劫都大声呼救的做法。叫喊对作案人有极大的震慑作用,但是反过来也会刺激作案人进行施暴,进而造成不必要的人身伤亡。大声呼救法应用的必要条件是:在路人经过或人多的情况下,并且自身有一定的自由度,未被作案人完全控制。

案例7中,被害人曹某遭到作案人廖某上前采用抓衣领、拳头殴打其面部等手段实施抢劫后,趁一位群众驾驶摩托车路过之机会而高呼"抢劫",作案人廖某惊慌逃离现场。本案中,被害人曹某遭到作案人的单人徒手攻击,在遇有路人的情况下进行呼叫反抗,取得了较好的防范效果。而在案例9中,面对作案人丁某的持刀入室抢劫行为,被害人马某见状呼救,其呼救信息不但无法第一时间传递给救援人员,反而引发了作案人的加害行为。

(6)注意取证,以便为警方破案提供重要线索

在被抢劫过程中也要有意识地取证,趁作案人不注意时在其身上留下记号,如在其衣服上擦点泥土、血迹,在其口袋中装点有标记的小物件,以便为警方破案提供线索。

(7)女性遭遇抢劫的自保方法

如果女性不幸遇见抢劫,地点又比较偏僻,最好主动将身上的钱财交给劫匪,尽量不要让劫匪接触你的身体,以免被性侵。如果作案人试图进行性侵,建议不要剧烈反抗,可以用手指掏自己的喉咙,让自己呕吐,吐在自己身上,引起劫匪的反感而放弃行动。剧烈反抗,反倒极易引发作案人对女性实施更加强制的加害行为。此外,出门在外(尤其是外出旅行),切忌食用陌生人提供的食物,闻陌生人提供的东西,以防被麻醉抢劫。

3. 抢劫既遂的应对措施

(1)嫌犯逃离,理智应对

作案人在获取财物后,一般都会急于逃离作案现场。在周边具备救援条件的情况下,被害人可以利用作案人这种心理,进行大声呼叫,并可在他人的协助下追赶作案人,迫使作案人放弃所抢的财物。追赶中,若无较大可能制服作案人,可保持距离紧追并大声呼救,不要盲目上前控制作案人,切忌盲目抓捕作案人。如果可以抓捕,在抓捕过程中,注意作案人的心态和行为变化,防止其进行殊死反抗,造成无谓伤亡。

(2)嫌犯加害,机智应对

发现作案人有为了延迟(或防止)被害人报案而故意伤害(杀害)被害人的行为意图后,一定要沉着冷静,立即明确告知作案人自己已经多次被抢劫,并且不会报案,就算报案也没

用等打算彻底放弃的信息,寻求化解其下一步的加害行为;发现作案人产生对女性被害人实施性侵的行为意图后,可以谎称自己染病或有其他问题,以使对方产生忌惮,从而打消性侵意图。

(3)遇事莫怕,及时报案

作案人得逞以后,很有可能继续寻找下一个抢劫目标,甚至还敢在作案现场附近的商店和餐厅进行挥霍。一旦被抢劫后,不管人身是否受到伤害,也不管被抢的钱物数量多少,都应当及时向家长、学校报告,并到当地的公安机关报案,以利于公安机关及时抓获嫌疑人,制止犯罪行为。

案例13中,当三名劫匪从10号宿舍进入11号宿舍进行抢劫时,因为受到惊吓或害怕,10号宿舍的同学既没有利用这个机会给值班老师通报或报警,也没有帮助11号宿舍的同学,还丧失了自救的机会,十分可惜。案例14中,以俞某为首的七人均为某校学生,在七个月的时间里,对谭某暴力抢劫高达十七次,谭某却因为害怕而一直没有报告老师或报警,致使抢劫行为在半年内持续发生。

案例15中,在闭某等人实施的系列抢劫案中,有不少案件的受害人是同校学生,甚至在相同地点、相同时段被劫。学生们不报案,劫匪没有及时得到打击,这让劫匪更加有恃无恐。

(4)注意取证,有利于破案

同学们,及时报案和准确描述作案人的特征,有利于有关部门及时组织力量布控、抓获作案人。因此,要留意作案人的逃跑路线和有关衣着、发型、体形、动作等特征,如果对方有交通工具,最好记下车牌号码或车型特征。及时就近到人多的地方请求帮助,并及时向家长、学校保卫部门和公安机关报案。

　群众有难找警察——怎样拨打110

练习展示

1. 放寒假了,你想和父母一起去外地旅游,从防范抢劫的角度,你应当注意哪些问题?

2. 你的朋友晚上12时给你打电话,说她急需2000元,请你马上给她送过去。从防范抢劫的角度,你应当怎么办?

3. 你和同学中午去校外买午餐,走出校门300米,突然发现前面窜出两名持刀男子向你们索要现金,你们应当如何应对?

4. 除了本任务中提出的防抢劫注意事项外,你还能想出哪些其他注意事项?

任务三 防诈骗

防 骗 歌

传统诈骗尚未平，新的骗术又来了。
街头迷信婚姻骗，当面伪善背后骗。
电话短信和网络，看不见我也能骗。
世事变迁骗术变，传统现代都要防。
街头诈骗手法多，骗走钱财不容说。
高额利润要冷静，假币调包要提防。
生人搭讪要注意，馅饼不会从天降。
街头诈骗很好防，便宜不沾套不上。
电信诈骗很猖狂，一个电话就搞定。
疏忽大意最常见，花言巧语遮住眼。
不劳而获黄粱梦，好心相助反被骗。
盲听盲信不思索，惊慌失措转账去。
银行兑奖不能信，大奖都是巧编造。
陌生电话别轻信，客服电话问究竟。
短信中奖先别喜，领奖还要手续费。
后来发现是陷阱，花钱买奖实在贵。
畅游网络要小心，诈骗手段在翻新。
真假网店难分辨，一不小心就被骗。
以次充好货难验，拿钱就跑最常见。
网上购物要谨慎，钓鱼官网辨分明。
购物退款有隐患，陌生链接有问题。
网购消费开专卡，账户资金才安全。
支付软件研究透，支付限额要设好。
大额支付用转账，现金最好少搬家。
QQ好友来借钱，多方核实把他查。
QQ视频能造假，请你打款风险大。
电信来电说欠费，按键查询要小心。
骗子指示不能听，拨打客服核实清。
执法电话不要慌，电话办案要设防。
安全账户纯虚构，转账汇款把钱丢。
公安检察和法院，办案都是有规定。
实在无法辨别清，你就拨打一一〇。

　　自古以来诈骗就被认定是一种不法行为(犯罪行为),随着时代的变迁、科技的进步及社会生活方式的转变,诈骗自身又在不断发展演变。例如,随着通信方式的演变,诈骗的手段越发高明。据不完全统计,2015年全国接到诈骗信息的人数为4.38亿人,占总人口的32%,相当于每三人中就有一人接到过诈骗信息。甚至毫不夸张地说,只要你有手机(哪怕不是智能手机),你就是潜在的被害人。

　　在本任务中,我们以作案人和被害人是否面对面接触为标准,将诈骗分为传统型诈骗和现代型诈骗(通信诈骗)。其中,传统型诈骗是指作案人通过与被害人面对面接触的机会,对被害人实施诈骗,从而获取财物的行为,如街头诈骗、迷信诈骗和婚姻诈骗等;而现代型诈骗是指作案人不与被害人面对面接触,而是利用电话、短信、网络等工具编造虚假信息、设置骗局,对被害人实施远程、非接触式诈骗,诱使被害人交付财物的行为,如电话诈骗、短信诈骗和QQ诈骗等。如今,由于信息通信技术高度发达,电信诈骗成为目前最为主要的诈骗形式。

　　当然,诈骗还有许多分类,但诈骗的本质就是指以非法占有为目的,用虚构事实或隐瞒真相的方法,骗取款额较大的公私财物的行为。

　　希望同学们通过以下案例的学习,能对诈骗的形式有系统的了解。

第一类　传统型诈骗案例

　　传统型诈骗多以街头诈骗的形式出现,如假币诈骗、首饰诈骗、碰瓷诈骗、赌博诈骗、治病诈骗、拾物平分和求助诈骗等,种类繁多。以下针对同学们最易被骗的传统型案件进行了汇总,请同学们重点思考这样一个问题:面对利益诱惑(尤其是陌生人的利益诱惑),应当如何应对?

1. 虚假代理代销

【案例1】徐州某校学生小刘无意间收到一张传单,该传单声称某公司有大量的打折电话充值卡,寻求校园代理,每售出一张电话卡可获得20元的高额利润。小刘由于社会经验不足,听信了骗子的谣言,从骗子手中购买了5000元的打折电话卡,准备大赚一笔。结果可想而知,小刘用他一年的生活费换来的只是一堆废卡。

2. 调包诈骗

【案例2】小张是某校学生,因老家有急事,于2012年10月26日上午准备坐火车回家。买好车票后,离开车时间还早,他去火车站广场东侧的小卖部买零食,返身回候车厅的途中,遇到两名年轻男子"搭讪":"兄弟,iPhone,要不要?"小张没有搭理。"500元钱,你拿走。"这一次,小张动了心,停下脚步,与对方攀谈起来。两名男子直截了当,称手机是偷的,质量绝对没问题,因为来路不干净,所以急着出手。对方说话这么干脆,小张也就信以为真,他接过手机,拿自己的手机卡试了下,使用正常。小张最终掏了500元,两名男子拿到钱后迅速消失在人群中。骗子走后,小张高兴地把玩起新手机来,仔细一看,竟是个模型。小张随即报了警,民警赶到现场时,骗子早没踪影,想找骗子追回钱,犹如大海捞针。

3. 利用假钱币进行诈骗

【案例3】2015年9月29日下午,广西某大学的小吴同学接到同学的求助电话,原来她同学在校园内出售学生旅游卡时没有零钱了。等小吴赶到同学的销售点时,她一眼就认出了拿着百元大钞的人竟然就是以前骗过自己的一名中年男子。原来,在2014年11月,该中年男子就曾经用假币骗过小吴。当时,小吴和同学正在学校卖电影票,该男子两次用一百元假币购买,直到最后清点款项时,这两张百元钞票才被小吴和同学发现是假币。在经认真回忆和仔细询问后,小吴确定了假币是从该中年男子那里收来的,但苦于没有证据,小吴只能当花钱买了个教训。此刻,小吴克制住内心的紧张,假装对同学说去兑换零钱,随后立刻跑到学校保卫处报警。保卫处接到报案后,马上派人赶到了现场,中年男子还拿着假币在那里等候。随后,该男子被带回保卫处进行问讯。经初步检查,男子身上只有一张百元假币,具体情况还要进一步调查。据保卫处介绍,以前学校开就业双选会时,他们也抓获过一个使用假币的团伙,但很多时候都苦于没有证据,最后都不了了之。很多社会骗子利用学生对假币的辨别能力不强,在人多混杂时行骗。

【案例4】2014年2月17日,在广州天河客运站搭出租车的某校学生小庄成了黑出租司机真钞调包成假钞的受害者。2月17日上午11时30分左右,小庄在天河客运站拦下了一辆绿色的出租车,到石井的学校。他坐上副驾驶座,发现车上没有司机资格证,但也没在意。司机跟小庄说:"不打表,走高速,这样会比较便宜。"小庄看他样子挺老实的,便同意了。双方约定车费70元。一路上,该司机不停地跟小庄搭讪,问他是不是学生,读什么学校什么专业,小庄一一回答。约半小时后,出租车到达目的地。小庄拿出钱包付钱,他先给了一张100元,司机接过后说"这张纸钞缺角了",要求换一张。小庄没有在意便换了一张,不料对方又说"颜色太红",前后更换了4次。当司机第5次要求更换时,小庄钱包里只有4张100元面额的钞票,只能把余下的所有零钱凑了60多元给司机。因为司机把车停在人行道上,一直催小庄快点。待小庄回到学校里再次打开钱包,才发现身上的400元被换成4张百元假钞。因为是黑出租,小庄没有拿到打车票,也无法获得任何司机信息。

4. 拾物平分诈骗

【案例5】作案人甲故意当着放学从此经过的李同学的面,掉落一个包裹并故意露出里面的钱财。李同学看到后,立即上前拾起来,想要追上并还给这位"失主"。当李同学刚一拾到,甲的同伙乙就立即上前要求平分"拾物",李同学犹豫了一会儿,表示同意乙的提议。就在此时,作案人甲返回寻找包裹,乙见状向李同学"献计":"我们分开走,你带上捡到的包,我引开丢包的人,但你必须留下一些东西作为抵押,防止你逃了。等我把丢东西的人引开后,我们到某旅馆门前分东西。"李同学依计而行,待其到达某旅馆时发现根本没有人,其打开包裹一看,才发现自己上当受骗,结果损失惨重。

5. 乞讨诈骗

【案例6】刚办理完入学手续,小张在路上遇到了一名女孩。这名女孩蓬头垢面、衣衫褴褛地向她伸出了乞讨的小手。小张掏出10元钱给了女孩,谁知,她刚走出不远,又有两名男孩迎过来抱住了她的双腿。最终,小张拿出了100元钱方才脱身。另有一位大学生,甚至因为轻信"女孩被骗身无分文"而向对方伸出援助之手,竟被骗走了1500多元。

生命与安全

6. 借打手机诈骗

【案例7】2015年11月30日,某校学生小叶刚走出校门不久,就在路上碰到了一个问他借手机的路人。借手机的是一名四十多岁的男子,他自称姓郭,是一名公司经理。小叶当时正拿着手机在玩,对于这名突然出现的男子,小叶刚开始还有些警惕。男子看小叶十分犹豫,便从怀里掏出几样东西,说道:"你不用担心,我就是刚好有急事,手机又没电了。你看,要不我先把这些都押到你这里。"男子说着,就把几样东西递给小叶:"你看,这是我的工作证,这个是我的身份证。"男子看了看,又把自己手里的一台iPhone递给了小叶,"我手机也先放你这里吧!"说起来,小叶平日里一贯是个比较热心的孩子,也愿意帮助别人。男子这么一副"就打几个电话"的姿态,小叶也就放松了警惕,本着与人为善的本意,将手机借给了这名男子。男子借了手机,连打了三通,打电话时随意走动,小叶起初还一直都跟他身边,以防万一。三通电话打完,男子是把手机还了回来,将"押"给小叶的东西拿了回来,道谢离开。"看来他是真的只是借手机打电话。"小叶这回是彻底放松警惕了,也为自己帮到了别人感到高兴。不过男子走开一会儿,又快步折了回来,说道:"抱歉抱歉,还得借你的电话用一下,刚想起来,还有一个电话忘了打。"俗话说"有借有还再借不难",这回男子再借,小叶就不多犹豫了,立即将手机递给了对方。"谢谢你啊,你等我下,我马上就打完。"男子说着,就拨出了一通电话,看似随意地走开了几步。这一回,小叶也没跟上,就在原地等待。可不曾想,男子这一回可是越走越远。小叶一不留神,就不见了男子的踪影。之后警方抓获了这名男子和另一名作案人郭某。郭某和孙某是老乡,这两人来到杭州从事的是同一"行当"。每天早上,两人分"片区"扫街,以自己手机没电为名,向受害人借打手机后逃离现场。警方还发现了大量假名片、假身份证、假工作证,以及假手表和假金戒指等,都是两人准备用来降低受害人警惕,"抵押"给受害人的工具。连孙某一度用来"抵押"给小叶的iPhone也是一台模型机。仅仅来杭州这几天,两人就以这种手段多次骗得手机并出售,目前已破获案件8起,其中7起都是骗得iPhone,涉案金额达40000元左右。

第二类 现代型诈骗案例

近年来,随着我国通信业及金融业的迅速发展,各种各样的远程电信诈骗案件也不断发生,严重危害着人们的正常生活。特别是近两年来,以虚假信息为诱饵进行的诈骗犯罪在我国迅速蔓延,犯罪分子借用手机、固定电话及现代网络技术实施的非接触式诈骗犯罪已经成为社会一大公害,严重影响了社会治安,人民群众对此反响强烈。

根据公安部门公布的数据,仅自2015年11月到2016年2月这四个月的时间,全国就破获了电信诈骗案件2.7万起,抓获犯罪嫌疑人9432名。最高人民法院统计显示,2015年全国法院审理的电信网络诈骗犯罪案件已逾千件,出现了诈骗数额上亿元的案件。当警方接到电信诈骗受害者的报案时,被骗的钱财早已被犯罪团伙取现或网上消费,即使最后破案,被骗的钱财也很难被追回来。实际案件中,能及时制止的电信诈骗案件并不多见。上述已侦破案件的数据,相对全国发生的电信诈骗案件来说只是冰川一角,更多的案件仍处于调查中。图1-3为最近几年全国通信信息诈骗案件数量与群众损失金额。

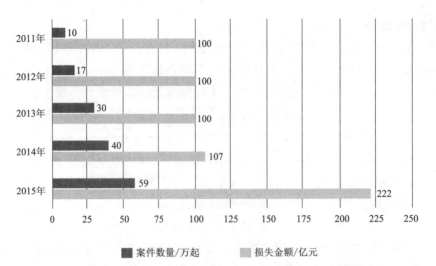

图 1-3　全国通信信息诈骗案数量与群众损失金额的公安部数据分析

在这些电信诈骗案件中,人们遇到幸运中奖型诈骗最多,约占总量的 1/4;其次是领导来电型、仿冒熟人型和冒充司法型,均超过了 10%。

电信诈骗的形式多种多样,把握基于此类案件的一些共同特征,进行分析防范,才能有效避免使自己误入歧途、落入圈套。通过梳理总结,同学们会发现,实际上很多电信诈骗的手段并不高明,但是仍屡屡有人上当,其受骗的主要原因还是出于被害人自身。一般说来,被骗者绝大多数自我保护意识和警惕性差,这才是诈骗分子之所以能轻易得手的关键。基于此,我们按照易被诈骗分子利用的心理意识的标准,对现代型诈骗的案例进行了分类。图 1-4 为全国通信信息诈骗案件类型数据分析图。

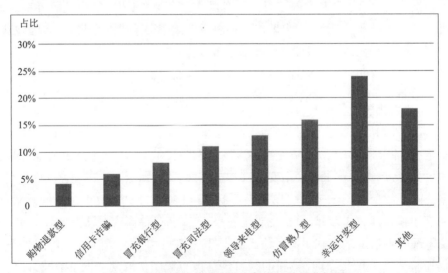

图 1-4　全国通信信息诈骗案件类型数据分析图

与大部分传统型诈骗中利用被害人的贪欲所设置的利益陷阱相比,现代型诈骗则更多地利用了被害人的心理,如下文中的"好心相助类诈骗"和"盲听盲信类诈骗"等。可见,当前的诈骗形式早已不限于单纯地利用被害人"天上掉馅饼"的心理。因此,同学们在下面案例的学习中,一定要从心理意识的多个角度去分析被骗的原因,尝试找到人们被骗的心理上的弱点。

1. 疏忽大意类

【案例8】刘同学是西安某校的学生,平时使用中国建设银行的银行卡,每次的消费记录都会收到短信息提示。2015年10月24日下午,刘同学和其同学在逛街,忽然收到一条95533发送来的短信:"建行喜讯通知:您账户已满10000积分可兑换5%的现金,请于今日及时登录手机网 wap. ywnjhg. com 查询兑换,逾期失效【建设银行】。"刘同学便随手点击了链接中的网站,根据提示先后输入了账号、密码、姓名和手机号码等,很快,刘同学的手机上又收到一条支付6400元的信息,同时还有验证码,而刘同学在输入验证码之后不到2分钟,她的手机上便收到了消费6400元的提示信息。直到这时候,刘同学才发现自己上当了,便通过电话银行进行了挂失,并报警。

【案例9】18岁的小陈是厦门一所学校的学生。寒假期间,他在咸鱼网的评论区看到有人在低价出售iPhone7手机,于是,他就加了对方微信。2017年1月22日傍晚,小陈经微信联系对方后,确定要购买手机,双方商定价格为5999元,发货前先支付4000元。随后,小陈按对方要求,先下载一个App软件,在这个软件上通过二维码扫码付款。十多分钟后,小陈在厦门火车站通过微信扫二维码支付了4000元。然而,小陈等了两天,始终没有拿到手机。他试图联系对方,却发现再也联系不上了。发现被骗后,小陈立即报警。

【案例10】河北唐山的学生何某最近十分郁闷,不仅两千多元的路费被假机票钓鱼网站骗走,而且更让他毛骨悚然的是,好像只有自己看到了这个假机票网站,身在其他地方的亲戚朋友根本搜不到,而且一到下午这个网站就在百度离奇消失。据何某回忆,12月26日上午10时左右,他在百度输入"打折机票",并选择了一个折扣最大的网站。但当他第一次汇款1247元后,对方却告知信息有误,钱被冻结了需要再支付一次;而当他再次支付1247元后,对方无任何反应,在通过电话联系后,对方又让其到ATM机(自动取款机)上转账,何某此时方知被骗。更离奇的是,被骗后何某想告诫亲戚朋友自己的遭遇,并提醒大家不要被骗,结果大家纷纷表示搜不到这个网站。原来,钓鱼网站在百度等搜索引擎一般是分时间段、分地域推广,小何不幸就因此中了招。

【案例11】2014年9月14日,沈同学在淘宝某"平价家居店"购买了一双拖鞋。三小时后,沈同学的手机接到自称该淘宝店主的来电,称其此前购买商品时,因为淘宝系统更新,订单生成不了,店主先将钱款退还,让沈同学重新下单。沈同学当即表示疑问,认为直接打钱进支付宝比较合适。之后,淘宝店主通过来电显示为浙江杭州的座机电话将其QQ号提供给了沈同学。加了QQ之后,淘宝店主发给了沈同学一个退款处理网页,沈同学信以为真,进入网站,按照要求填写了自己真实的姓名、身份证、银行卡号和手机号等信息,待手机收到验证码后,单击"确认退款"。随后,沈同学的手机收到银行发来的扣款短信,称其银行卡已成功消费现金3397元,这时她才意识到被骗,于是报了警。

【案例12】暑期刚到,广东韶关的小尹同学通过网络找了一份话务员的兼职工作,并很快接到通知前往公司上班。负责人给了小尹几张写有密密麻麻电话号码的纸条,让他一个个打过去,告诉对方中奖了,奖品是价值499元的触屏手机,然后询问地址,送货上门……小尹当时感到很疑惑,实际工作是推销员而不是话务员,后来发现这家公司是以次充好销售杂牌手机,存在欺骗性质,于是做了几天就没去上班了,但对方以试用期为由,克扣了小尹数百元工钱。相比小尹的遭遇，小陈就更惨了。同样是通过网络找到一份暑期工，中介机构宣称不收中介费，但要求小陈填写信息表，内容包括身份证号码和银行卡号等重要个人信息，小陈毫不犹豫就填了，殊不知，他的满心欢喜换来的却是"苦果子"。第二天小陈收到一条带有验证码的银行信息，几分钟后中介机构打来电话，说需要这个验证码来确认银行卡的身份信息，小陈当时没多想就把验证码告诉了对方。岂知，那是修改网络银行密码的验证信息，由于一时疏忽，自己账户里的800多元钱不翼而飞。之后，小陈再给中介机构打电话却已是无法接通了。

2. 唯利是图类

【案例13】2015年3月，一个很久没有联系的初中同学给山东某学校的学生小王打来电话，告诉小王一个好消息，可以通过低价购买到非常流行的iPhone6。一部iPhone6 plus甚至只需要2000元钱就可以轻松拥有，这个价格远远低于6000多元钱的市场价。而要想拿到手机，小王只需提供她的个人信息就可以。由于是同学推荐，小王就相信了，还自以为占了便宜。小王把这个消息还告诉了其他4名同学。对方先把他们带到一个办公室，填了一个表，表示要用他们的学籍信息，也就是说只能给在校学生办理。这家公司的办公地点在一个居民小区里，但是却没有挂出任何公司名称。在工作人员李某的劝说下，提供完信息后，同学们和4家小额贷款公司分别签了网上购物合同书，也就是说，通过贷款分期购买手机。按照合同约定，购买方每月需向小额贷款公司偿还贷款和平台服务费，如果逾期不还，会产生违约金和滞纳金。当时，同学们就产生了怀疑。经办人李某说，合同只是走个形式，他认识小额贷款公司的人，签了之后他会销毁。小王表示，自己就是想买那个手机，对方承诺低价便宜卖给她们。经办人李某直言，这个事说骗人的也好，其实就是走了个漏洞；还说这个手机与分期没关系。总之，在经办人李某的花言巧语下，同学们最终还是打消了顾虑。手机很快邮寄到了同学们手中，让同学们没想到的是，到了4月该还款的时候，让他们担心的事情还是发生了。崔同学说，小额贷款公司当时是给她爸爸打了电话，说要起诉他们，还用"缺胳膊少腿"来吓唬她们。小王他们赶紧联系经办人李某，可是李某却失踪了。事实上，这是一种套取分期款的行为。随着网上校园分期业务的开展，一些不法分子会抓住分期网站的漏洞，把购买来的iPhone低价销售来套取分期款。而上当受骗的还不止这5名同学，在另外一所学校，有的同学还因为帮忙牵线从中获得了报酬。当小额贷款公司发现，他们的货物发出去之后，根本收不到分期款，小额贷款公司也急眼了。"趣分期"的工作人员说，学生们用个人信息在商城上购买东西，商城帮忙付完钱了，学生们每月却不能按时还款。"事情已经发生了，你们的不良征信现在也已经在上报中，我知道她是被人给忽悠了。但是合同是她签的，我们只能找她。"两所学校至少10多名学生涉案，每人拖欠小额贷款公司分期款本金、违约金、滞纳金2万多元钱，一共20多万元。目前，学生们已向警方报案。

【案例14】十八岁的小林假期想在网上寻找合适的兼职。2016年7月17日下午，小林通过QQ结识了一个自称招聘"兼职打字员"的男子。对方表示录入1万字的手写稿可获1千元工资，并向小林索要银行账号，称公司会在预支工资后下达打字任务。如此优厚的待遇令小林兴奋不已，竟将自己的支付宝账户和密码信息都告诉了对方。没过一会，小林发现支付宝内80元钱被划走。询问后，对方表示公司正在核实账户，并强调划走的钱将全额返还。可对方随后又发来信息，说小林的账户审核未通过，需要再向支付宝账户充钱。小林分多次向支付宝共转账8897元。然而，当钱全部被转走后，对方仍要求小林继续充值，小林这才意识到不对劲。经警方查明,小林遭遇的是一起以"兼职"为幌子的网络诈骗。不法分子利用在校学生、待业青年求职心切的心理,编造"高薪""便捷"的"兼职工作",随后以各种理由骗取钱财。

【案例15】女生小郑住在大连金州石河镇,因为家庭经济困难,一直想早点自立,通过网上兼职赚点钱,来补贴自己的学费。2016年3月28日,小郑在网上搜索学生网上兼职的信息,一则刷单赚佣金的帖子吸引了她。小郑按照网页上的联系方式加了对方QQ号,资料显示,对方为"信诺科技"。对方发来表格让小郑填写,并让小郑先小试身手,刷一个价格为120元的订单。小郑按照要求以购物的方式通过支付宝拍下这个订单,很快自己的账户里打回了126元,多出的6元为此次刷单的佣金。小试身手成功赚了6元后,对方正式给小郑派发任务,完成一个600元的刷单任务,小郑完成后却没有如头一回那样立刻收回780元的回款(垫资+佣金),对方称必须在这天刷满25单才能拿回自己的钱和佣金。见小郑怀疑,对方一口气把自己的身份证和营业执照等信息全发给小郑看。小郑相信了对方,忙碌了几个小时刷了25笔网络订单,垫资5400元。小郑此后开始追问完成刷单任务后何时能拿回垫资和佣金,但对方的反应速度却不如刚才那般有问必答了,半天不说一句话,最后告诉小郑,小郑的一笔刷单交易在系统发生卡单,需要再刷一遍。此时,小郑已不敢再接单了,她不停地与对方交涉希望拿回自己的5400元,最终被对方拉黑,删除好友,小郑明白自己上当了。根据某安全软件2016年的统计数据显示,网络兼职陷阱已成为学生族作为被害人的电信诈骗中排名第一的欺诈类型,共有9000余起报案,占总报案数量的37.3%,报案金额更是高达2000多万元。

3. 不劳而获类

【案例16】2014年10月14日,贵州某校学生小韦收到一条陌生号码发来的短信,短信中称他中了"中国好声音"的大奖,奖金高达98000元,可登录网站领取奖金,并在短信中附了一个网址的链接。看到中奖信息的小韦一时忘乎所以,便立即点开网址,再根据网站上的提示信息拨打了客服电话。对方告诉小韦,要领取奖金就得先交2000元作为手续费和保证金。听了对方的这个说法,小韦毫不犹豫地往对方提供的账号上打了2000元钱。往对方银行卡上打钱后,小韦通过网站上的客服电话与对方再次取得联系。谁知对方在电话中告诉小韦,因为领取奖金必须再参加一个活动,而这个活动需要先交4000元。让小韦再往账号上打4000元参加活动,才能领到奖金。此时,小韦才产生了怀疑。冷静下来的小韦把事情从头到尾想了一遍,认识到自己没有得到"馅饼"而是遇到了陷阱。

【案例17】2013年下半年,谢某从老乡处获得利用网络以贩卖资质和考试答案为幌子骗取他人钱财的方法后,即租用长沙市天心区和庄小区××栋××××号房为作案场地,召集倪某、周某甲、阳某等人一起实施诈骗行为。2014年,谢某又陆续召集邹某、周某乙、唐某甲、王某甲、唐某乙、赵某等人参与该诈骗团伙。该诈骗团伙的具体操作方法是:谢某通过网络联系购得各类资格考试全国各地的考生身份信息及多套户名为"王丽""陈丽""陈梦娴"等人的银行卡,然后租用手机短信平台向全国各地考生发送能在考试前提供考试答案及联系的QQ号码的虚假信息。周某甲、赵某、阳某、倪某、邹某、周某乙、王某甲、唐某甲、唐某乙在××××号房使用各自笔记本电脑通过QQ号码与前来联系的考生进行一对一的沟通,引诱考生将现金汇至上述户名为"王丽""陈丽""陈梦娴"等的银行账户内。谢某安排邹某在笔记本电脑上记账,其本人或指使唐某甲从银行取款。谢某将所得赃款按8∶2的比例与具体实施沟通诈骗的其他作案人分赃。一旦诈骗成功,即在资格考试结束后将 QQ 上考生的 QQ 号码删除,将与考生联系的电话卡、银行卡销毁。仅 2014 年 7 月至 8 月期间,谢某等人以提供国家注册安全工程师、物业管理师和会计师等考试答案为幌子诈骗全国各地考生 60 余人,诈骗数额累计达人民币 76330 元。

4. 好心相助类

【案例18】2016 年 8 月 16 日,北京警方发布警情提示,一条以"演员王某某"名义发送的借钱短信是最新骗术,提醒公众切勿相信。短信称"我是演员王某某,我最近离婚了,资产全部被人转移走了,身无分文,手机被我拿去卖了,现在只能找人借个手机随机发信息给你了"(图 1-5),短信中称欲借 5000 元钱,并留下一个 136 开头的"朋友的支付宝",称"事后十倍奉还"。北京市公安局官方微博"平安北京"16 日中午针对这条短信发布警情提示,提醒公众切勿上当。

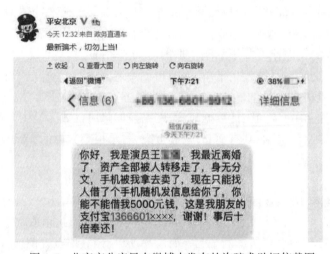

图 1-5　北京市公安局在微博中发布的诈骗求助短信截图

【案例19】云南鲁甸 6.5 级地震,百万受灾群众牵动着全国人民的心,引起高度关注。社会各界积极救援的同时,却有一些不法分子借鲁甸地震群发诈骗短信、制作捐款的钓鱼网站、拨打诈骗电话。以下为诈骗方式:

方式一:短信诈骗。短信为:"众志成城,抗震救灾,××红十字会号召广大人民伸出援助之手,为受灾群众重建家园。基金募捐账户:××,××银行(个人账户)。"

方式二:假冒公益网站诈骗。冒用某公益组织官方网站的名义非法设立"钓鱼"网站,或者制作假冒的门户捐款页面,利用群众的捐助爱心,骗取网民的捐赠款。为骗取网民的信任,这些网站还将已经捐款的人数、捐款数额进行公布。

方式三:虚假电话诈骗。电话谎称是政府部门或红十字会等相关公益机构的工作人员,以灾区募捐献爱心的名义,让大家向指定的银行账号捐款。

方式四:网络文章诈骗。一些不法分子在网络博客或论坛中以地震灾民的名义发布云南鲁甸灾区情况的文章,最后公布一个捐款的银行账号或网上支付账号等,号召网民向灾区人民捐款。

5. 盲听盲信类

【案例20】2016 年高考,家境贫寒的徐某以 568 分的成绩被南京某大学录取。某天下午

4时30分左右,她接到了一通陌生电话,对方声称有一笔2600元助学金要发放给她。在这通陌生电话之前,徐某的确曾接到过教育部门发放助学金的通知。"18日,女儿接到了教育部门的电话,让她办理了助学金的相关手续,说钱过几天就能发下来。"徐某的母亲如是说,由于前一天接到的教育部门电话是真实的,所以当时他们并没有怀疑这个电话的真伪。按照对方的要求,徐某将准备交学费的9900元打入了骗子(图1-6)提供的账号……发现被骗后,徐某万分难过,当晚就和家人去派出所报了案。

图1-6　假冒教育局工作人员的犯罪嫌疑人被抓捕归案

【案例21】2016年9月5日青岛某校的学生赫赫的初中同学在QQ上说,自己的朋友受伤住院急用钱,让赫赫帮忙先转些钱给他朋友。在整个过程中,骗子首先以特别熟悉的口气与赫赫打招呼,随后直接切入话题,问赫赫是否有支付宝或微信,并称:"朋友在医院急用钱,我想用网银转钱到你卡,然后你用微信或支付宝帮我转给我朋友一下,行吗?"随后,骗子给赫赫发了一张"朋友"腿部受伤躺在医院的照片(图1-7),并解释说:以前绑定银行卡的手机号不用了,刚才因给朋友转账时着急输入支付密码,3次不对导致支付功能被关闭,所以现在只能用网银给朋友转账。骗子向赫赫承诺,先用网银将钱转到赫赫的卡上,之后再由赫赫用微信将钱转给其受伤的朋友。其间,赫赫向骗子要电话想核实对方身份,骗子以"电话现在不在身上"为由搪塞过去。信以为真的赫赫将自己银行卡号发给骗子后,骗子随即将一个"中国建设银行成功转账2000元"的截图发给了赫赫。

看到银行转账成功的截图后,赫赫曾尝试与对方通话并索要其照片,但面对骗子"你不相信我×××的为人吗"的感情牌,赫赫分3次将600元的生活费转给了骗子提供的微信号为"aa5207982"的朋友。此后,骗子及其朋友均称:医疗费还差1600元,希望再帮忙转一些。最终,在赫赫"转账记录可以伪造"及"咱们班有谁走读"的质问下,自觉已露馅的骗子立即将赫赫删除QQ好友。

无独有偶,2016年9月2日下午,同样是该班的多名学生,都突然接到一名同学发来的QQ信息,称自己有朋友住院急用钱,并且发来了一张伤者照片,希望同学们帮着转账或借点钱。其中被盗号者的三名同学,一时大意陆续转账6000元,之后才电话联系同学确认,得知自己被骗。而在实施诈骗过程中,骗子提供的伤者图片与赫赫收到的完全一致。

图 1-7　诈骗短信截图

【案例22】2015 年 5 月 5 日下午,被害人宁夏某校学生张某接到他人冒充其老师的诈骗电话。次日上午,因对方称急需用钱,张某遂按其要求分三次向其提供的中国邮政储蓄银行账户汇款 5000 元。

6. 惊慌失措类

【案例23】2015 年 5 月 17 日,山东某校学生小王接到一名陌生男子的电话,对方自称某地公安局民警,告知她侦破一起毒品案件时发现小王的银行卡涉嫌贩毒洗黑钱,要求她将卡内的钱打到指定银行账户以便核查。小王一听警察来电,还涉嫌洗黑钱,想都没多想就将账户里的 6700 元钱汇到指定账户。

【案例24】2014 年 1 月 14 日,武昌东亭派出所的雷亚红警官介绍了一起在 ATM 机前成功阻止一名女学生汇 1 万元给骗子的经历。小罗今年 23 岁,刚刚大学毕业。2014 年 12 月 27 日上午 11 时 41 分,她突然收到一条短信:"工行通知,12 月 27 日 17 时止,我行即将停用您名下所有的银行账户,详情咨询×××××。"小罗赶紧拨通了短信中提到的"咨询号码"。一个南方口音的女子介绍自己是银行客服,经过几秒钟的"记录查找",女子告诉小罗有一张最高信用额度为 5 万元的透支卡透支了 49000 多元,已经过了还款期,所以,小罗名下的所有银行账户都将被停用。小罗表示自己并没有办理过什么透支卡。对方告诉小罗,可能是她的信息泄露了,又给了她一个座机号,说是"公安局的号码",让小罗自己去咨询。小罗又赶快拨通了这个"公安局的号码",一名自称是"高警官"的男子接了电话。"高警官"仔细地询问了小罗的情况后说,她的卡可能被人复制了。"高警官"以了解小罗具体资产为由,问小罗卡里还有多少钱,小罗表示自己工商银行账户没什么钱,只有 200 元,而农业银行账户里还有 1 万多元。"高警官"告诉小罗说她的信息已经泄露，其他银行账户里的钱也不安全，劝说小罗将 1 万元取出，打入公安局的"安全账户"。"高警官"还强调："千万不要和银行工作人员对话，客户的信息泄露与银行有关，他们都已被警方监控。"小罗很快就轻信了"高警官"的话。马上到家附近的中北路农行滨湖支行，准备将 1 万元取出转入"高警官"给他的"安全账号"。银行工作人员见小罗神色慌张地在 ATM 机前准备取钱，就上前询问，小罗说话支支吾吾，更加引起了工作人员的警惕，于是报警叫来了雷亚红警官。雷亚红问小罗钱取出来要给谁，认不认识对方。小罗表示并不认识对方，并说了大概的情况。雷亚红判断这是一起诈骗案件，经过反复劝说，小罗才醒悟过来。

安全要领

通过上述案例的阅读，相信同学们一定会有很多感想。这些诈骗手法中，无论是传统型诈骗的"老生常谈"，还是现代型诈骗的"推陈出新"，无论是哪一种诈骗手法，都无不利用了人们心理上的弱点。尤其是对于现代型诈骗，我们的应对办法就是从受害人的心理弱点去着手分析，从而找出相应的对策。此外，我们还要着重强调一下个人信息安全的重要性，个人信息的泄露往往成为有针对性诈骗的作案目标，从而落入诈骗分子为你"量身定做"的圈套。

一、传统型诈骗的分析

近年来，在诸多的传统型诈骗案件中，街头骗子仍然能够屡屡得手，而且其中年轻的受骗者占了大多数，并且不乏在校学生。下面，我们结合上文中虚假代理代销、调包诈骗、利用假钱币进行诈骗、拾物平分诈骗、乞讨诈骗和借打手机诈骗等案例，来分析一下街头诈骗案件的特点。

1. 作案目标

街头诈骗行为主要针对中老年人、妇女和在校学生等相对固定的作案目标。其中，在校学生的防范意识薄弱，有的同学爱贪小便宜，社会经验不足，遇事偏听偏信，缺少足够的分析判断能力，容易丧失警觉性，容易被骗局迷惑。例如，在虚假代理代销类案件中，作案人往往利用学生经验不足、急于赚钱的心理，谎称自己是某公司的业务员，手头有一批文化生活用品可以低价转让给同学们代销，诱使涉世未深的学生大量购买。可是，当学生们在购进商品发现是假冒伪劣产品之后，却再也联系不上行销人员。

2. 作案形式

街头诈骗多为团伙作案，团伙人员少则两三人，多则七八人。例如，拾物平分诈骗的案例中，既有故意丢包人，也有配合捡包人等。在作案前，作案人往往要制订严密的计划，互相配合，通过策划和明确分工，以不同的角色参与到犯罪活动中。因此，同学们不要认为这些人的出现是凑巧的事情，与之相反，这些作案人恰恰是按照计划步骤逐步登场的。

3. 作案手法

街头诈骗的手法多种多样，诈骗者之所以能够屡屡得逞，是因为其有一整套的诈骗程序和行骗手段。这些手法"与时俱进"，诈骗者不断推陈出新地包装自己，如在借打手机诈骗的案例中，诈骗者在"台词"的设定上，或故弄玄虚或花言巧语或危言耸听，同时准备了假名片、假身份证、假工作证，以及假手表和假金戒指等辅助作案工具，降低受害人的警惕性，诱惑受害人在不知不觉中上当受骗。

在调包诈骗的案例中，作案人利用假手机和假手表等道具进行诈骗，在物色目标后，先以真品低价诱惑目标，准备交易之前，犯罪嫌疑人乘目标不注意，将真品调包。这类诈骗的目标人群主要是中青年人，尤其是在校学生，目标人群的活动范围决定了这类案件的发案地点多集中在学校周边和大型超市商场附近。根据警方的统计，在街头兜售手机的绝大部分人员都是骗子或小偷，遇到这种人，千万不要搭理，以免上当。

在利用假钱币进行诈骗的案例中，如果在买卖交易时遇到社会闲杂人员，就一定要提高警惕，仔细辨认钱币的真假，遭遇诈骗时要保留好钱币等证据，并在第一时间报警。

在乞讨诈骗这类案件中，作案人多为女性和儿童，她们谎称自己因天灾人祸而辍学或被抛弃，以此引起人们的同情，引诱善良的人们捐助钱财，使好心的人上当受骗。同学们若是遇到金额较大的求助时，一定要慎重。我们虽然要对社会保持爱心，肩负社会责任感，但是，献爱心时必须睁大自己的眼睛，不要让自己的爱心助长了骗子的气焰，因为这种诈骗背后通常有一个庞大的组织控制着这些女性和儿童。而对于真正需要救助的人群，国家有专门的机构实施帮助。如果同学们不知道这些救助机构的联系方式，可以先行拨打 110 报警，通过公安部门来做下一步的处置。

4. 作案区域

街头诈骗作案人的跨区域及流动性极强。案发后，作案人迅速逃离案发地，流窜到另一个区域继续作案。因此，同学们在被骗后一定要第一时间报警，尽量不留给作案人逃跑的机会和时间。

如何防范街头诈骗

1）不要贪图小便宜。诈骗活动得逞的一个先决条件是利用了受骗者爱占小便宜的心理。

2）不要在马路上向无证摊贩购买自己不了解合理价格和质量标准的商品。不要听信货摊周围有人叫好、喊便宜，甚至争先恐后去抢着买，说不定他们就是所谓的"托"。不要轻易购买或做出承诺购买街边物品，建议到正规商店打听一下或上网搜索一下同类商品的价格再做决定。

3）提防魔术行骗。许多魔术行骗看似公平，实则暗藏机关，一般人看不出来骗子做的手脚。如果稍有不慎，行骗者就有可乘之机，让你尝点甜头后，把你宰得头破血流。因此，遇到摆摊的魔术，千万莫入圈套。

4）不要轻易参与骗子的游戏活动。骗子的意图有时很容易被人看破，但是他们往往利用人们的好奇心理或参与心理引你上钩。例如，一些马路骗子在街头巷尾摆设的游戏，他总是先引诱你参与，设法使你在参与中享受到乐趣，之后诈骗你的钱物。

5）警惕骗子利用封建迷信诈骗。一些骗子利用看病、算命骗钱，利用你想尽快去财消灾的心理引你上当，让你心甘情愿地拿钱去"看病"。患病就要到正规医院去诊治，不要被封建迷信迷惑，延误了病情。

二、现代型诈骗的应对策略

全国多地警方的统计显示,学生群体已成为现代型诈骗(电信诈骗)受害的"重灾区"。由于个人信息泄露、容易受到诱惑、社会经验不足和防骗教育缺失等原因,他们极易遭受以网上兼职、低价网购和低价订票等名义实施的诈骗。我们以被害人的心理分析为切入点,结合案例总结现代型诈骗的应对策略。

1. 疏忽大意类被骗的应对策略

对于疏忽大意类被骗,被害人的心理弱点在于缺乏基本的警觉意识。

在案例 8 中,刘同学在收到虚假银行的短信后,没有加以甄别,就直接点击链接中的网站,并先后输入了账号、密码、姓名和手机号码,最后造成了财产的损失。正确的做法是,对于疑似虚假短信的非法链接,首先,请勿随意点击;其次,根据官方途径进行咨询,辨别真伪;最后,一旦发生虚假短信欺诈事件,要立即向当地公安机关报案,同时及时向银行反映被骗情况,尽可能对可疑交易实施挂起或止付操作,减少资金的损失。

在案例 9 中,小陈同学按对方要求,先下载了一个未知的 App 软件,并在这个软件上通过二维码扫码付款,造成财产损失。此类案件中,陌生人发送的 App 软件、exe 可执行文件,甚至具有诱惑性的图片等,都有可能携带木马程序。正确的做法是,首先购物尽量通过正规的网站、店家等渠道进行购买;其次要加强计算机安全管理,及时更新杀毒软件,升级操作系统补丁;最后一旦发现异常,迅速停止交易,冻结银行卡并立即报警。

在案例 10 和案例 11 中,何同学和沈同学分别点击了虚假网站,造成财产损失。在购买车票、飞机票等被骗的这类案件中,被害人在网购过程中点击了犯罪分子制作的虚假网站,并在这个"网站"界面上进行一系列支付操作,通过这个虚假页面,被害人所支付的金额则转入了诈骗分子的账户。而在通过网络购物这类案例中,诈骗手段主要依托假冒淘宝、天猫和支付宝官方网站进行钓鱼诈骗,骗取消费者的个人网络支付账号及银行卡信息,在后台偷偷操作网络转账、支付手续。对于这样的诈骗手段,我们一般有两种应对策略。首先,当同学们网上购物时,要尽量使用具有安全防护功能的浏览器并登录经安全验证的官方网站,如果遇到要求用户向个人银行账户汇款、价格明显低于正常售价、打开网站就提示因系统升级需要电话办理业务等情况,肯定是钓鱼网站。而在选择网上购物时,一要选择正规网站,二要考查商家诚信,三要选择安全的付款方式。要知道,淘宝、天猫的退款均由系统自动依照指令完成,即便服务器升级维护也无须人工介入,凡是遇到类似"异常交易处理中心"的网页,一律为钓鱼网页;其次,对于"卖家"要求买方提供银行卡号、身份证号码等信息的,要坚决拒绝;再次,要通过正规的操作流程付款,不要通过陌生人发送的网址链接付款,因为,该链接很有可能是钓鱼链接,不要轻易以汇款或转账的方式购买网上的商品,特别是明显比市场价格便宜的商品;最后,要积极配合公安机关打击虚假短信诈骗犯罪,发现伪基站、钓鱼网站等疑点或线索要及时报告给当地的公安机关,请求予以查处和关停,并密切关注钓鱼网站关闭的情况。

在案例 12 中,有的同学在暑期打工期间,有作案人以招聘员工为名发布虚假信息,被害人一旦与作案人联系,作案人会让求职者支付"服装费""介绍费""培训费"或者"押金"等费用实施诈骗;有的作案人故意欺骗被害人在试用期给作案人白干活;有的作案人打着"中介"的幌子欺骗学生等。网上赚钱并不像你想象的那样简单,在此类案件中,作案人利用学生经验少、急于赚钱的心理,以招收校园代理或兼职,给在校生提供勤工俭学或就业机会为由,采取先付款后发货或收取就业押金、办理健康证、培训费等方式实施诈骗。有些学生稍不留神还可能被骗入传销窝点，金钱、精力俱损，甚至生命安全都成了问题。对此类诈骗的防范建议是：首先，切勿随意相信此类马路、短信、网络广告；其次，一旦遇到对方要求交"保证金""服装费""培训费"或者要求通过 ATM 机支付各类费用时切勿相信，这种情况多半是骗局，应及时报警，同时向发布招聘信息网站的主管部门进行投诉；最后，一定不要嫌麻烦，要通过多个渠道了解该用人单位的实际情况。

假期打工易被诈骗的类型

骗术一：交押金或材料费

这是最多见的一种骗术，主要是以各种理由要求应聘者在工作前交纳十几元至上百元不等的押金或材料费。

骗术二：输入卡号和密码

此类骗术中，作案人要求应聘者先干活，任务完成后跟应聘者说钱已经转账到应聘者的卡中。之后，作案人虚拟设了一个 400 的客服电话供应聘者查询，但此查询过程要输入银行卡密码，这样应聘者的卡号和密码就被对方知道了，卡里的钱随即就没了。

骗术三：变相传销

这种方法是利用求职者"无偿"发广告的方式：应聘者报名时要先完成任务，这个任务是在各个网站和论坛上发布他们的"网络兼职打字"招聘广告，承诺发一条信息就能得到 3~5 元的工资。这个做法的"高明"之处就是把应聘者当成了虚假广告的发布者，每人发 10~20 条，这个传播速度可想而知。其实这就是一种变相的传销，作案人利用应聘者想找工作的心理，让大家帮他们做免费的宣传广告。所谓的每条信息 3~5 元，应聘者不但不可能拿到，反而帮骗子做了一回帮凶。

骗术四：骗取手机费

该类型骗术的作案人要求被害人通过手机号码注册邮箱、下载相关工作软件，然后骗取其手机费。例如，据某媒体就对"兼职打字"调查得出，仅在一家大型兼职网站注册的求职人员就有 20 多万人。调查显示，在花了几十元手机费注册后，成功兼职且最后拿到工资的网友还不到 5%。

还有其他骗术就是在你按照对方要求辛辛苦苦完成一份文稿录入的时候，把文稿发过去了，对方却不见人了。是的，骗子有的时候不只骗取的是钱财，你付出的劳动也可能成为骗子眼中的肥肉。

2. 唯利是图类被骗的应对策略

对于唯利是图类被骗，被害人的心理弱点在于贪(小)便宜。贪心是被害人最大的心理弱点。很多诈骗分子之所以屡骗屡成，很大程度上也正是利用人们的这种不良心态。

对于有利可图的事情，几乎每个人都会不由自主地想要参与进来。但是，大家是否思考过，这种可以获得"好处"的行为本身是不是过于容易呢？或者说付出和收获是不是相差过于悬殊呢？甚至可以追问一句，这样的行为是不是合法呢？被骗者往往是为诈骗分子开出的"好处""利益"所深深吸引，自以为可以用最小的代价，获得最大的利益和好处，见"利"

就上,趋之若鹜,对于诈骗分子的所作所为不加深思和分析,不做深入的调查研究,最后落得个"捡了芝麻,丢了西瓜"的可悲下场。要知道,一分耕耘才能有一分收获。因此,对于他人(尤其是陌生人)所许诺的利益,一定要加以深思和调查,要克服贪便宜的心理,不要对轻易就能获取的"好处"欣喜若狂,而是要三思而后行。

在案例13中,小王和同学相信了一部市场价6000多元的iPhone6 Plus只需要2000元钱便可以轻松拥有的骗局,就签下贷款合同,结果被骗承担高额债款。此类案例凸显涉及学生被骗案例的两个特征:一是在利益驱使下对现实产生幻想——产品可以远低于市场价获得;二是基本法律知识欠缺——自认为自己签署的合同的效力与自己无关。对此,一方面,我们要掌握商品价值的基本规律,从而培养大家对不正常商品交易的警觉意识;另一方面,要进一步提升自身的法律素养,成为法律武器的使用者而不是受害者。

在案例14中,小林同学兴奋于录入手写稿可获工资的谎言中,面对优厚的待遇诱惑,竟然将自己的支付宝账户和密码信息都告诉了对方。招聘打字员、网络调查员这一类的广告,几乎是最常见的网络兼职广告了。例如,一段已经不知道被复制和粘贴了几十万遍的广告:"急招打字员,职位要求:会计算机打字,懂Word软件,会上网。地区、年龄不限。职位性质:我们将小说手稿快递给你,员工完成Word输入后发至邮箱即可。工作地点:家里、网吧均可。"由于打字员、调查员等职位的描述非常贴合在校学生、有闲余时间的家庭主妇、想发挥余热的人员等群体的心理需求,加之人们对网络兼职诈骗的警惕性不高,所以这种诈骗手段屡屡得手。该网络兼职骗取他人财物的三种主要途径为:第一,交纳所谓的保证金、保密费、个人所得税、会员费等;第二,利用手机验证骗取话费;第三,骗取银行卡密码。

对此,同学们需要注意的是,首先,如果打字员有如此高的报酬的话,那么很多工作就会无人问津了。其次,目前扫描仪等电子设备可以快速将文稿转换成电子文本,既方便又能保证正确率。所以,所谓的"兼职打字员",多为不法分子设下的陷阱,请同学们一定要多加防范。

在案例15中,女学生小郑成为"网上刷单赚佣金"骗局的又一名被害人。对于网络刷单行为,如果同学们冷静地思考一下,就会发现其问题诸多,如高佣金。某些淘宝店家向兼职刷单者提供了极高的佣金,而一般用人单位都是急需用人时才会使用兼职人员,因为兼职人员的成本比正式员工低。所以,报酬高、超出了"行业标准"的网上兼职刷单,一般都是骗局。以淘宝刷单为例,"正规"的淘宝兼职刷单的佣金并不高,一般为5~10元,也偶尔有10元以上的高价单,但很少,而且这样的单操作都比较费时,因为,一个淘宝账号每个月刷单的数量是有限制的,每个职业刷客需要有数个甚至数十个淘宝账号,才能满足刷单的需要。即使这样,一般全职刷单人员每个月的收入也不过在2000~3000元。所以,有的同学们想要通过兼职刷单实现"暴富",纯粹就是不能实现的梦想。

此外,网络交易平台刷信誉的行为,其实就是商家雇佣的托儿,他们和现实中的"医托""酒托""饭托"等没有多大的区别,而且从法律的角度分析,网络交易平台刷信誉的行为是非法的,涉嫌欺诈他人。因此,建议同学们不要涉足网络刷单,天上从来都不会掉下馅饼,如果需要补贴生活费用,可以通过参加学校正规的勤工俭学这类合法的方式去创造财富,切勿因为贪图高额收益而落入骗子的陷阱。

3. 不劳而获类被骗的应对策略

对于不劳而获类被骗,被害人的心理弱点在于不想付出就想得到回报。

在案例 16 中,看到中奖信息的小韦同学忘乎所以地往对方提供的账号上打了 2000 元钱。在此类诈骗中,作案人随机群发虚假中奖短信或假冒著名电视栏目给被害人打电话,以中奖要缴纳各种费用为由,要求被害人将钱转入指定账号实施诈骗。如果你信以为真,对方会一步步设套,让你付手续费、缴纳税金等,金额从小到大一步步引导你上当受骗。对于此类诈骗的防范,关键在于要对收到的中奖、超低价商品的信息保持警惕;要通过正规渠道核实,不要急于转账或透露个人信息;绝不按照陌生人的指令在银行 ATM 机上进行转账操作。

在案例 17 中,谢某等人以提供各类考试答案为幌子诈骗全国各地考生 60 余人。此类诈骗案件凸显出当前的一个社会现象——部分学生面对考试有投机取巧的心理。作案人正是利用了考生的这种心理,他们以各种考试为契机,向考生发送短信,出售所谓的"考试题答案",短信内容一般为"独家呈现,考场原题+答案,内部渠道,通过率 100%"等。有的作案人还出售各种所谓的"高科技考试作弊器材"。对此,一方面建议同学们不要相信网上出售的"考题答案"和"作弊器材",避免上当受骗;另一方面,同学们一定要树立正确的考试观念,因为考试只是检验考生学习效果的一种措施,想要有好成绩就得自己努力付出,绝对不能投机取巧。特别是国家级考试,有着严格的保密制度,考生要谨防非法机构和人员通过不正当手段骗取钱财。面对各类考试,同学们必须通过努力学习增强自信心,调整好心态,科学备考。

4. 好心相助类被骗的应对策略

对于好心相助类被骗,被害人的心理弱点在于同情心。

在案例 18 和案例 19 中,作案人分别利用了救助落魄明星和赈灾救灾来博取被害人的同情,进而骗取财物。帮助有困难的人,是中华民族的优良传统,当然值得我们去继承和发扬;但是,如果不假思索地去"帮"一个别有用心的人,这是很危险的。俗话说:"害人之心不可有,防人之心不可无。"当然,"防人"并不是指要去怀疑每一个人,而是指对一些异常行为和现象加以防备;此外,防人之心也是一种防范意识,关键是要有这种意识。对于任何人,尤其是陌生人,不可随意轻信和盲目随从,遇人遇事,应有清醒的认识,不要因为对方说了什么好话,许诺了什么好处就轻信、盲从。要懂得调查和思考,在此基础上做出正确的判断。然而遗憾的是,有不少同学就是凭着这种幼稚、不做分析的同情、怜悯之心,一遇上那些自称走投无路急需帮助的"落难者",就会被他们的花言巧语所蒙蔽,继而"慷慨解囊",自以为做了一件好事,殊不知已落入骗子设下的圈套。对此,需要同学们注意的是,凡是参与救灾,应通过官方公布的正规途径捐款捐物,不要轻信通过手机短信、电子邮件、即时通信工具接收到的募捐汇款账号或捐款途径,谨防落入不法分子的骗局。如果发现以上诈骗信息,请及时联系公安部门或向 12321(网络不良与垃圾信息举报受理中心)举报。

5. 盲听盲信类被骗的应对策略

对于盲听盲信类被骗,被害人的心理弱点在于对"特定人员"身份的轻信。

在案例 20 中,徐某将准备交学费的 9900 元打入了骗子提供的账号。此类诈骗案件多发于每年 7～10 月,骗子通过冒充教育、财政或人力资源社会保障部门的工作人员,打着"发放扶贫助学金""返还义务教育费""学校补助款"等幌子,以将助学金等转至被害人银行卡为名,诱骗被害人到银行 ATM 机上按其指令操作,以骗取被害人银行卡内的资金。对于此类电话,最好马上挂断,或者向当地教育主管部门咨询。

在案例 21 中,赫赫因轻信高中同学被盗 QQ 的求助,造成财产损失。在此类诈骗案件中,作案人事先通过盗号软件盗取 QQ、微信号码等即时通信软件使用人的密码,随后登录盗取的该软件与其好友聊天(有的还通过强制视频软件录制该被盗 QQ 号码使用人的视频影像,在聊天过程中通过虚拟视频软件与被盗号用户的好友视频聊天),骗取其信任,最后以各种急需用钱为理由向其好友借钱。对于此类诈骗的防范,要做到以下几点:第一,要注意 QQ、微信等即时通信软件账户的安全,避免将本人证件号码、账号、银行卡、密码等重要信息通过此类即时通信软件在网上传递;第二,尽量避免在网吧等公共场所使用网上聊天工具;第三,在上网时不要随意接受他人发来的文件,即使是好友也不例外,防止因中木马病毒而导致号码被盗;第四,QQ、微信等即时通信软件号码被盗后,要及时通知该软件的相关网友;第五,在使用 QQ、微信等即时通信软件聊天时,一旦涉及借钱的聊天话题,不要急着转账,一定要有警觉意识,最好可以与该网友通个电话,如果电话联系不上,可以设置一些试探性问题或问一下其他共同的朋友,从而对其身份进行核实。一旦发现骗局,立即报警。

在案例 22 中,张某接到他人冒充其老师的诈骗电话被骗钱财。此类诈骗案件中,作案人通过网络或其他渠道获得被害人的联系方式,然后再打电话自称是被害人熟悉的人员,如"你怎么听不出我声音了,猜猜我是谁"之类的话,使被害人产生错误认识后,取得被害人的信任,最后假称发生交通事故等,骗取钱财。对于此类诈骗行为,要切忌感情用事。接到此类电话时,不要去猜而应直接询问对方的姓名。在无法确认对方身份时,可通过第三方亲朋进行核实或提出见面要求,如果对方百般推脱,就可以洞察其破绽。诈骗分子的最终目的是骗取钱财,并且是在尽可能短的时间内骗走。因此,对于以熟人身份自称且提出钱财方面的要求,切不可单纯地从感情角度出发,而是要保持理智,用理智去分析和解决问题。

6. 惊慌失措类被骗的应对策略

对于惊慌失措类被骗,被害人的心理弱点在于不明真相的恐慌。

在案例 23 和案例 24 中,小王因听到"警察"称其涉嫌洗黑钱就将钱汇到指定账户的行为,以及小罗因收到"银行"停用账户短信而听从"高警官"的话去银行转账的行为,都是被作案人利用了其盲目恐慌的心理。此类诈骗案件中,有的作案人冒充银行、电信等工作人员,给被害人打电话或发短信,称其因个人信息泄露而被他人利用从事犯罪活动,导致被害人的银行卡透支、密码泄露、电话欠费等,造成被害人的恐慌,然后,再以给银行卡升级、验资证明清白等为名,向被害人提供所谓的安全账户,引诱被害人将资金汇入犯罪嫌疑人指定的账户;有的作案人冒充公检法、邮政工作人员,首先以法院有传票、邮包内有毒品、涉嫌犯罪、洗黑钱等为名,声称要传唤、逮捕及冻结被害人名下存款,对被害人进行恐吓,然后以验资证明清白、提供安全账户进行验资为名,引诱被害人将资金汇入犯罪嫌疑人指定的账户;有的作案人则将以上两种手法结合使用。有的同学缺乏社会经验,遇事恐慌,不敢告诉家人和同学,在慌乱中不知所措,最后听人任意摆布,最终落入陷阱。

对此,我们需要注意的是:第一,陌生号码来电需谨慎待之。谨慎接听以"00+"开头的电话,拒接不显示来电号码的电话,不要回拨不熟悉的外地未接来电;第二,公安、检察院和法院办案有严格的程序,绝对不会通过电话询问群众家中的存款情况及要求其转账;此外,还有冒充"黑社会"的诈骗电话。接到此类电话时,同学们不要害怕,一定要致电 110 进行报警,求助警方来解决,切不可因惊慌失措而将钱打入对方提供的账号内。如果来电显示是家中电话,也不用惊恐,因为犯罪分子使用的是"随意改号"软件,该电话只能拨出不能拨入。因此,你可以尝试往家中回一个电话,真相就水落石出了。

三、学生容易被骗的原因分析

当今的校园中,学生上当受骗的事件时有发生,究其原因,除了上述提及的在遭遇诈骗时学生的心理意识问题之外,从社会生活的角度分析,还存在以下几个方面的问题:

1. 缺乏经验

同学们大多还是以学校作为自己的主要生活区域,每天过着从宿舍到食堂、从食堂到教室的三点一线的生活。这就造成了大部分学生与社会接触较少,思想较单纯。基于这一点,诈骗分子更倾向于把诈骗对象锁定在学生这个群体。

2. 交友不慎

校园里,许多同学都会遇到一些来访的老乡、熟人、同学,或者同学的同学、朋友的朋友之类的人。然而,这其中有的是真,有的是假,可许多同学又缺乏探明真假的习惯,在真伪难辨的情况下宁可信其有而不信其无,而且有些同学常常把他人来访看作是自己的一种荣耀,这就给了作案人可乘之机。

3. 辨别能力薄弱

很多同学热情奔放,性格直率,但是由于经历的事情较少,没有处事经验,辨别事物的能力也比较差,对一些人或事缺乏应有的分辨能力,更缺乏刨根问底的习惯,对于事物的分析往往停留在表象上或根本就不去分析,从而为自身成为诈骗案件的被害人埋下了隐患。

女生防骗的注意事项

在市场经济飞速发展的今天,一些骗子越来越多地把目标锁定在女生身上,而且屡屡得手,其原因主要有:首先,女生大多珍视感情,并且富于同情心,易对别人产生信任感和依赖感。一些人正是看准了女生的这一特点而更多地针对女生行骗。其次,女生一般较为含蓄、腼腆,容易迁就对方。女生常常碍于情面,对本该认真的事却羞于表达,违背自己意愿的事又不忍拒绝,导致骗子得寸进尺。现实生活中有些女生仅仅因为对方的一句"我爱你""说话算数",便很快对其产生了"讲信用,靠得住"的"良好"印象,一旦对方再施以小恩小惠,就很容易放松警惕,让骗子牵着鼻子走。

对此,我们建议女学生要注意以下事项:第一,别等出事后才想起法律。具备法律意识,不仅是在事后知道要运用法律,更重要的是应将法律意识贯穿于事前和事中。事前要履行完备的书面法律手续,不做口头协议,书面手续要力求明细化。第二,不轻易相信陌生人。在与人交往中,对陌生人特别是陌生男性要时刻保持警惕,对其提出的问题或允诺不要轻易相信,不能把自己的身份、联系方式等轻易告诉他人,更不能随之独往。第三,别幻想不劳而获。当你面对诱惑时,千万不要急功近利。任何时候都得想一想:人家凭什么给我这么多好处?这样做是否符合常理?天上没有掉馅饼的事情,不劳而获是不合常理的。第四,切忌感情冲动和意气用事。有很多不法之徒专以"交友""恋爱""求助"为名,利用女生的爱心和情感来行骗,要当心甜言蜜语或"慷慨义举"后所隐藏的欺诈。第五,一旦发现受骗,必须镇静。受骗后千万别慌神,赶快想办法及时掌握对方违法犯罪的证据,迅速报案,还要防止打草惊蛇。有人认为把钱追回来是关键,所以在发现上当后便想私了,于是主动找上门去恳求骗子返还财产。这是很愚蠢的做法,这等于告诉对方骗局已经暴露,提醒骗子赶快逃匿。聪明的做法是:一面装作仍蒙蔽在鼓里,随时掌握对方的行踪;一面查明对方所骗财产的使用流向,及时报告公安机关。

四、被诈骗后的正确应对

如果被人诈骗了,我们该怎么办呢?首先,在意识到被骗后,一定先要采取止损措施。例如,在涉及金融转账的诈骗时,可采取在最短时间内通过故意输入错误的银行卡密码或联系银行等方式冻结账户;其次,及时向公安机关报案,并及时提供对方账号等线索,协助警方破案;再次,若再接到此类信息、电话时,也要向公安机关积极举报,提供破案线索;最后,请同学们一定要保持一份谨慎的心,提高防范意识,在日常的学习和生活中,积极参与、支持公安机关开展打击整治诈骗犯罪的工作。

练习展示

1. 周末,你和同学一起去看电影,当你们排队买票的时候,有一个陌生男子走过来,向你们兜售他捡来的 iPhone,只要 1000 元。你的同学试了试,认为是真的,想要付钱,这时你该怎么办?

2. 一天晚上,你的朋友通过 QQ 给你发来信息,说他骑车不慎撞伤了一位老人,现在正在医院陪着老人做检查,他没敢告诉家人,请你帮他转账 1000 元,这时你应当怎么办?

3. 你的一个同学通过微信给你发来信息:"加她,是真的,我也在做,想做兼职可以加她,只需 10 元就可以做兼职,日赚 20~80 元,在家没事或有空闲时间就随时可以做。"同时,还给你发来一个二维码让你扫描。你该怎么办?

4. 你在网上购买了一套化妆品,没过几天,你收到一条短信,该短信称因你购买的化妆品无货而即将退款,还发给了你一个退款链接,对此,你该怎么办?

任务四 网络及信息安全

信息安全歌

网络世界藏黑手，个人信息要保守。
信息本是个人用，盗窃诈骗想占有。
信息当成生意做，人为泄露最可恶。
电脑迟缓手机钝，病毒可能被植入。
陌生网站少浏览，恶意软件别乱点。
黑客入侵不罕见，信息数据一锅端。
纵是国际大公司，网站漏洞不可免。
公共场所连 Wi-Fi，有真有假要谨慎。
不明扫码风险高，如非必需不必扫。
密码简单很好记，窃贼一试就上手。
安防软件你不装，贼人何必再翻墙。
信息安全当务急，形势严峻真焦急。
个人信息安全事，把它当事不是事。

案例分析

　　随着网络的普及，我们的个人信息与网络应用不可避免地融为一体。例如，我们的银行卡与网络支付平台的绑定。与之相应的问题也随之而来，即网络安全和个人信息安全的问题一并凸显，从而对个人的财产安全（甚至人身安全）都产生了巨大的威胁。当今的网络世界中，因为病毒软件、钓鱼网站、黑客攻击等导致的个人信息泄露事件层出不穷，网民个人财产损失不断增加。据统计，自 2011 年至今，已有 11.27 亿个用户的隐私信息被泄露，这些信息包括基本信息、设备信息、账户信息、隐私信息、社会关系信息和网络行为信息等。个人信息一旦泄露，后患无穷。我们除了要提高自己的信息保护意识以外，还要规范自己的网络使用和信息应用。

　　那么，什么是个人信息呢？根据我国法律的规定，公民个人信息包括公民的姓名、年龄、有效身份证件号码、婚姻状况、工作单位、家庭住址、电话号码等事关私人生活领域的各方面信息，通过这些信息能够据此认定特定的个人，并且公民不愿为社会广知，具有保护价值，泄露可能危及私人生活的安宁。

　　那么，我们不禁要问一句："我们的信息怎么就被泄露了呢？"根据苏宁金融研究院发布的研究结果，个人信息泄漏主要有五大路径：一是人为因素，即掌握信息的主体（如政府部门、公司企业等）的工作人员泄露或出卖信息；二是病毒因素，即个人计算机、手机等网络工具感染了木马病毒等恶意软件，造成个人信息被窃取；三是黑客因素，即不法分子利用网站漏洞入侵并盗取保存信息的数据库；四是公共因素，即用户随意连接公共免费 Wi-Fi 或扫描二维码而被不法分子盗取信息;五是密码因素,即"一套密码走天下",极大地方便了不法分子进行"撞库"。下面,我们结合这五类情况进行案例分析。希望同学们结合自己日常的网络行为和信息应用情况,进行比较和思考。

第一类　人为因素

【案例1】2015年11月4日,四川某校学生李某遇到了烦心事,她的身份信息被莫名其妙地注册到了某购物网站上,还产生了790元的"欠款"。李某把自己的遭遇告诉同学们,大家一查更吓了一跳,班里20多个人都"被注册"了,还有7位同学"被欠款",总额约3200元。不仅如此,江苏、河南、福建等地也有学生的身份信息被盗用、"被注册""被欠款"的情况。李某和同学们猜测他们的身份泄露可能是因为学校的某项公示名单。那么,这份名单是否是校方公示泄露出来的呢?调查后得知,该校的公示名单并没有挂出学生的身份证号。那么,学校数据库是否有可能信息泄露呢?该校信息技术中心负责人韩老师认为,目前该校数据库安全系统较为完善,"99.9%都不可能出现问题。"韩老师说,每个月他们都会对网络安全日志进行一次核对,杜绝信息泄露和严防黑客攻击,"到目前,我们还没有发现有这样的漏洞。"那么,李某和同学们的信息到底是怎么泄露的呢?

第二类　病毒因素

【案例2】2016年7月19日,广东某校学生蔡某接到不法分子假冒《奔跑吧,兄弟》栏目组发出的虚假中奖短信,蔡某回拨短信中的电话号码,被嫌疑人诱骗登录钓鱼网站,并填入相关的个人信息。随后,嫌疑人又以缴纳保证金和个人所得税等理由诱骗受害人向嫌疑人提供的账户汇款,分三次共汇入9800元。案发后,公安机关立即开展侦查,查明犯罪嫌疑人陈某组织林某、熊某在海南海口设立短信群发和钓鱼网站窝点,指使高某、范某在海南儋州设立话务诈骗窝点。犯罪嫌疑人首先使用计算机软件群发虚假中奖短信,然后由话务窝点人员诱导受害人登录钓鱼网站获取精确的个人信息,再以各种理由诱骗受害人向嫌疑人提供的账户汇款。公安机关进一步查明,陈某团伙用于诈骗取款的银行卡由陈某提供。

第三类　黑客因素

【案例3】2017年1月17日,安徽、北京、辽宁、河南等14个省、直辖市公安机关开展集中收网行动,彻底摧毁一个通过入侵互联网公司服务器窃取并出售公民个人信息的犯罪团伙,抓获犯罪嫌疑人96名,查获各类被窃公民个人信息50多亿条。该案的多名主要犯罪嫌疑人的公开身份是国内大型网站的工程师或网络公司的经理,但他们的另一个身份却是国内著名的黑客网站的核心人物,其中一人还是多年前著名的病毒软件"熊猫烧香"的制作者之一。警方在行动中查获了大量的非法数据,里面包含了50多亿条公民个人信息,涉及交通、物流、医疗、社交、银行等多个领域。记者了解到,这些数据超过了1.3TB,它们给犯罪分子带来了巨大的收益。这个犯罪团伙覆盖了数据的"产、供、销"整个链条,从数据的窃取到交换,再到变现出售,都有专人负责。

第四类　公共因素

【案例4】2016年的央视3·15晚会现场做了个试验,邀请参加试验的现场观众连接现场的网络信号。现场很多观众的手机都连上了该无线网络,然后打开自己常用的一两个消费类软件,如打车、订餐和购物的软件,浏览一下过去下的订单和消费记录。令人惊讶的是,现场的大屏幕上观众们的各种地址、姓名、身份证号、银行卡号都显示了出来。现场随机抽取了观众验证这些信息的准确性，结果无论是订餐软件、购电影票软件、打车软件，还是购物软件，消费者的相关信息都可以看到，截取这些信息进行组合，一个人的生活习惯甚至个人隐私，都被不法分子一点一点地摸透了。

为什么会有泄露个人信息的风险呢？中国互联网协会秘书长卢卫来到现场揭开其中的奥秘：互动过程中发生的信息泄露有两方面的原因：一是因为无线网络登录加密的等级较低，或者路由器本身就存在安全漏洞，很容易被黑客入侵，截获无线路由器所传输的数据；二是因为手机上有些软件没有按工信部有关规定的要求，对信息数据采取必要的保护措施，使得黑客能从所截获的数据中轻易提取到用户的姓名、出生日期、身份证件号码和住址等个人信息。

第五类 密码因素

【案例5】2015年7月，经浙江浦江县人民检察院提起公诉，浦江县人民法院一审判决被告人盛某、郭某、焦某犯盗窃罪，分别判处有期徒刑五年、四年、三年六个月，并处罚金7万~10万元。2014年10月，浦江的吴女士发现自己银行卡里的近2万元不见了，经查，钱被汇入了一个快钱支付公司的账户里。惊慌失措的吴女士马上报了案，警方调查发现，与她有着同样遭遇的被害人有6个。出乎民警意料的是，实施网络盗窃的盛某等人文化程度并不高，更不是专业的网络技术人员。年仅24岁的盛某和郭某都是无业游民，早已染上吸毒、沉迷网络游戏等恶习。他们得手的"诀窍"就是猜密码。一次偶然的机会，郭某发现，在网上银行多次试验，可以凑出他人的用户名和密码，进入网银后获取被害人的姓名、身份证号、银行卡号、取款密码等信息，甚至可以查看被害人银行卡内的余额。之后，郭某将偷来的个人信息通过QQ发送给网名为"打劫有钱人"的盛某，由他利用这些信息办理副卡，然后再通过副卡套现。两人约定，获利五五分成。屡试不爽的盛某尝到了甜头，邀请朋友焦某也加入盗窃的行列。当盛某进行网上操作时，焦某就在旁边学习，渐渐地也学会了作案套路，两人的盗窃手法越发熟练。很快，三人从6名被害人的账户中窃取了20余万元。办案法官指出，犯罪嫌疑人的作案手段其实并不高明，只是几个被害人的网银密码都设置得很简单，一下子就被他们试了出来。

安全要领

一、当前个人信息泄露的严峻性

2015年11月21日发布的国内首份基于百万问卷调研的《中国个人信息安全和隐私保护报告》，揭示了个人信息安全和隐私保护面临的严峻形势。报告显示，超过七成的参与调研者认为个人信息泄露问题严重，26%的人每天收到2~3条甚至更多的垃圾短信；20%的人每天收到2~3个甚至更多的骚扰电话；多达81%的参与调研者经历过对方知道自己的姓名或单位等个人信息的陌生来电；53%的人因网页搜索、浏览后泄露个人信息，被某类广告持续骚扰；租房、购房、购车等信息泄露后被营销骚扰或诈骗的高达36%。

问卷调查还显示，在日常生活中，有效身份证件复印件、快递单和手机是泄露个人信息的重要途径。高达55%的人将身份证件复印给相关机构时，从不注明用途；47%的调研参与者经常将写有个人信息的快递单直接扔掉而不做销毁处理；超过27%的人在停用、注销手机号以后，甚至不去银行、支付宝等变更绑定的手机号。当自身遭遇个人信息泄露并面临侵害时,相当一部分人群抱有侥幸心理,大部分人选择了较为消极被动、放任不管的处理方式,仅有少部分人采取了积极对抗、主动维权行动。在解释未能维权的原因时,半数以上的参与调研者表示,是因为不知如何维权(占60%)和没有发现经济损失(占56%)而选择了沉默。调查结果提示我们,作为个体,我们首先要学会的是如何在信息泄露高发的环境中保护好自己。

二、如何防范信息泄露

以上一系列案件背后凸显的问题就是个人信息泄露的日益严重。在徐玉玉这类被诈骗案件中,犯罪分子实施诈骗前实际上就已经掌握了徐玉玉的详细个人信息。因此,个人信息的泄露,是诈骗分子骗术得逞的重要前提。经调查,个人信息泄露的源头主要是医疗、教育、电信、人力资源和社会保障等企业和公共机构,泄露的原因主要是里应外合的非法倒卖和黑客侵入窃取;与无良商家非法获取倒卖个人信息相比,公共部门的信息泄露也不容乐观。在移动互联时代,我们该如何保护自己的个人信息呢?对此,我们提出以下建议:

1. 妥善保管个人信息

在银行办理业务、购车、购房时,注意对个人信息的保护,谨防不法分子获取。要注意避免个人资料外泄,对不熟悉的金融业务尽量不要在ATM机上操作,应到柜面直接办理。公民信息泄露的源头是掌握公民个人信息资源的银行、民航、国土资源、电信运营商、医院等企事业单位,其中也可能包括公安系统。对于银行卡、手机等信息载体,在网络注册、实名验证时谨慎填写个人信息,身份证号、支付账号、手机号码等个人私密信息切勿随意泄露。还有的同学发朋友圈、空间、微博时也要注意,尽量不要在网上发布自己的详细信息。

2. 养成良好的密码使用习惯

对重要账号(如常用邮箱、网上支付、聊天账号等)在设置和使用密码时应做到:单独设置密码,不一码多用;每隔一段时间对密码进行一次修改;密码的位数不要短于6位,最好是使用大写、小写字母,以及特殊符号和数字的组合;不要以任何单词、生日、数字、手机号作为密码;密码中的英文或拼音最好有大小写之分;不能把自己的密码告诉别人,即使是再要好的朋友,这是对自己和对别人都负责任的表现。

十大常见简易密码

国内某网络安全公司发布过一项针对密码强度的专业研究报告,并列举出了中国用户最常用的十个密码,包括 abc123、123456、xiaoming、12345678、iloveyou、admin、qq123456、taobao、root、wang1234。这些密码的通病是长度过短、形式单一缺少变化且内容过于简单。再比如有的同学认为用生日做密码很好记,而且有8位,但同学们一般都是出生在20××年,一年只有12个月,一个月最多只有31天,用不了多久就可以试出来这个8位数的密码。登录密码简单、统一,不仅容易被破解,而且不法分子还将把相应的数据在其他网站或账户上尝试登陆,专业术语叫"撞库"。比方说,获取了你的银行账户密码,再在支付宝账户尝试登录,一旦成功将触发"多米诺骨牌效应"。数据显示,我国75.93%的网民存在多账号使用同一个密码的问题,特别是青少年群体,这一比例高达82.39%。

3. 定期给手机和计算机杀毒

定期给手机和计算机杀毒是一个非常好的有效预防不良信息出现的习惯,特别是对于浏览了不明来源网站的同学来说更是需要养成的习惯。

4. 不随意连接免费 Wi-Fi 和扫描未知二维码

当前,免费 Wi-Fi 和二维码成了信息泄露的重要途径。数据显示,某安全软件的用户每天有超过 2 亿次 Wi-Fi 连接,其中每天约有 60 万次连接了风险 Wi-Fi。一旦连接上用于诈骗的 Wi-Fi,网银和支付账号、密码等各类信息可能在你毫不知情的情况下就被不法分子盗取了。此外,恶意二维码也是不法分子常用的手段之一。用户扫描恶意二维码,相当于点击了一个带有木马病毒的短信链接,手机将被植入木马病毒。而据调查数据显示,在 19 岁以下的青少年中,"经常扫二维码,从不考虑是否安全"的比例高达 40.3%。

5. 不点击不明链接

很多案件中,手机木马短信已成为不法分子惯用的诈骗方式。作案人把自己伪装成学校老师、同学的身份,通过伪基站向周围的手机用户发送木马短信,用户只要一点击短信链接,各种网银账号、密码、短信验证码都将被木马程序盗取,自动转发到犯罪分子手中。此外,钓鱼网站也是不法分子窃取用户信息的一个惯用手段。钓鱼网站的域名和页面都和正常网站非常相似,不法分子通常会模仿银行或电信运营商的官方网站,诱导用户在钓鱼网站上输入个人信息。同学们除了不点击不明链接之外,还要在计算机中安装比较可靠的杀毒软件,并保持更新升级。

> **练习展示**

1. 周日,你和同学去超市采购生活用品,当你们结完账刚要走出超市门口的时候,有一个穿着某公司制服的女子走到你们面前,热情地向你们推销其公司的支付软件,称该软件可以在购物时优惠 10%,并拿出一个二维码让你们扫一扫下载。对此,你们该怎么办?

2. 一天,你偶然得知你的同学把自己的某支付软件的密码设置成她的名字的拼音+123,你告诉她这样很不安全,她说没事,她的密码不是简单的 123456。对此,你又应当怎么办呢?

3. 你想要打一份暑期工,就登录了某个求职网站。在该网站的个人信息登录栏中,有姓名、性别、住址、联系电话、身份证号、出生日期、婚姻状况、工作履历、荣誉证书等信息要求你填写。对此,你该如何填写你的个人信息呢?

4. 周末,同学请你在一家路边店吃饭。期间,突然该饭店的 Wi-Fi 出现故障,无法连接。但是,你和同学能够搜到另一个陌生的 Wi-Fi,而且该 Wi-Fi 没有设定密码,可任意接入。由于附近都是餐馆,你同学认为是其他店家提供的服务,所以让你也连上该 Wi-Fi。此时,你应该怎么办?

生命与安全

第二单元 生活安全

● **训练要点**

　　本单元包括安全用电、防范火灾、安全出行相关任务,通过真实的案例分析,指导同学们学会安全知识,掌握安全技能。

　　1. 了解生活中用电的安全知识,避免触电,学习心肺复苏技能。

　　2. 了解引发火灾事故的各种常见原因,学习预防火灾的注意事项,熟悉火灾自救逃生技能,学会正确使用常见的灭火器。

　　3. 了解交通安全法规,掌握安全出行知识,科学防范交通事故。

● **素养要求**

　　通过本单元的学习,达到以下素养目标:

　　1. 具备安全使用日常电器设备的能力。

　　2. 掌握常见的灭火方法,增强预防火灾的能力,掌握火场自救逃生技能。

　　3. 掌握安全出行的各种要领,培养良好的交通习惯。

任务一　安全用电

开篇分享

安全用电歌

现代社会用电广,生产生活作用多。

安全用电要注意,电工安装和修理。

电灯离地六尺高,固定安装最重要。

电脑电池投影仪,拔下插头再离开。

出门房间要关灯,节约用电我先行。

开关插头和插座,千万不能湿手摸。

打雷天里关电器,防止雷击要注意。

下雨不能树下躲,电线杆下遭雷击。

安装漏电保护器,防止事故有效力。

私拉电线危险大,火灾隐患事故多。

电器冒烟或起火,不能随手用水泼。

线缆露铜及时换,雷厉风行勿拖延。

一旦有人触了电,干燥木棍挑电线。

触电人员无意识,马上抢救别怠慢。

心肺复苏要学会,挽留生命把人救。

案例分析

尽管生活中我们一直强调用电安全,但是因用电不当导致的火灾或触电伤亡的事故仍然频繁发生。下面我们就来梳理一下近几年发生的用电安全事故。

第一类　手机充电引发的事故

【案例1】2017年4月,江苏宿迁市的殷女士使用仅四个月的 iPhone 7 在床头充电时发生爆炸,随着一声巨响,该设备被炸成了两半。殷女士拿着她花费 5388 元购买的被炸毁的 iPhone 7 来到了苹果的官方维修点。维修人员对她说,很有可能是手机的锂离子电池发生爆炸,造成设备爆炸。据推测,这可能是因为手机充电器或充电线的问题。

第二类　学生私接电线引发的重大事故

【案例2】河北某学校宿舍内发生一起私接电线引发的触电事故,该校学生李某在私自接线时不慎触电,当场死亡。经警方调查,某校的宿舍楼属于老式学生宿舍,室内没有安装外接用电插座,学校为了统一用电管理,明确规定学生不得在宿舍内使用电器,不得私拉乱接电线。事发当天,李某下课后回到宿舍自习,李某的床铺位于靠近门口的上铺,与屋顶上安装的一台摇头式吊扇距离较近。因学习需要用笔记本电脑,为了给其充电,李某便利用在物理课程中学到的用电知识,找来两根铜芯电线,准备从头顶上的吊扇电源上引出电线作为笔记本电脑的电源。在其从吊扇电源处往外接线的过程中,左手拇指和中指不慎同时接触到了两根电线的外露铜线头,强大的电流瞬间将李某击倒在床上。舍友见状,立即拨打120急救电话,同时报告了学校老师。120急救医生迅速赶到现场并立即进行了抢救,然而这一切都已不能挽回张某年仅20岁的生命。

第三类 劣质充电宝埋下的安全隐患

随着智能手机的普及,一种名为"充电宝"的方便易携带的大容量随身电源受到越来越多消费者的青睐。智能手机耗电较快,不少用户非得随身带上充电宝才安心。但是一些不合格的充电宝在市场上鱼目混珠,甚至发生安全事故,引发了人们对充电宝使用安全问题的担忧。2014年,广州地铁公司根据过往案例,劝阻乘客在搭乘地铁过程中"请勿使用移动电源为电子设备充电",再次引发公众对移动电源各种问题的关注。

1. 品牌山寨,价格差别大

经调查,目前市面上销售的充电宝品牌不少,价格区间也很大,便宜的三四十元一个,贵的则要四五百元。充电宝的价格与电源容量有关,市面在售的充电宝的电容量有近10种规格,2000~20000毫安。容量越高,给手机充电次数越多,价格也就越贵。除了少数知名品牌外,不少充电宝没有合格证、保修卡和"三包"证明。而对充电宝的保修期,不同品牌有不同的承诺,最短的仅一个月,大部分品牌承诺质保一年。

2. 缺乏行业标准,带来安全隐患

【案例3】2016年10月11日上午11时左右,北京某学校一个女生公寓发生火灾。视频显示,该公寓南侧三楼窗户冒出滚滚浓烟。学校保安称着火地点为三楼的一个宿舍,着火原因疑似充电宝爆炸,因为事发时为上课时间,所以楼内学生大概只有二三十人,在消防和保安的救助下安全逃出,没有人员伤亡。

【案例4】2017年1月5日中午12时17分,昆明机场安检站旅检一大队正在执勤,一名女性旅客在通过国内安检通道时,被安检人员查出携带一个无标识的充电宝。随后安检人员在向其解释民航安检相关规定,告知此类充电宝存在安全风险禁止携带乘机后,该旅客及同行人员不听劝阻,执意要将充电宝拆开查看容量标识,在拆卸过程中造成充电宝内部线路短路并冒烟,导致充电宝在通道内自燃。现场安检人员发现后立即采取措施,用通道内的灭火器将火扑灭,并及时引导疏散通道内的过检旅客。因扑救及时,通道内的火势得到控制,并未造成人员和财产损失。随后该旅客被移交公安机关做进一步审查处理。

乘飞机时携带充电宝的要求

国家民航总局规定,旅客乘飞机时严禁在托运行李中携带充电宝;严禁携带额定能量超过160瓦·小时(电量,它是和电压、电流、时间成正比关系的量)的充电宝;携带额定能量超过100瓦·小时但不超过160瓦·小时的充电宝,必须经航空公司批准且不得超过两个;严禁携带标识不清的充电宝;严禁在飞行过程中使用充电宝。

如果充电宝上并没有标注容量是多少,只有充电宝的额定电流和电压,可以通过公式换算得到:1瓦·小时 = 1伏×1安·小时(伏是充电宝上标注的电压的单位,安·小时则是充电宝上的标称容量的单位)。例如,充电宝标称电压为3.7伏,标称容量为10000毫安·小时(可以换算成10安·小时),则此时充电宝的容量即为3.7×10 = 37(瓦·小时)。

3. 选用知名品牌,正确使用充电宝

生活中,我们最好选择知名品牌的产品,正确使用充电宝,避免放在高温地方,并防止撞击和进水。在《USB接口类移动电源》行业标准(CIAPS0001—2014)中,对移动电源的使用有这样的提醒:禁止用户拆卸、打开、切碎或用金属刺穿移动电源。禁止将移动电源暴露在热源下,避免在阳光直射下储存。禁止使移动电源经受机械冲击。充电时应按照制造商的使用说明进行。保持移动电源清洁和干燥。不要将移动电源长期充电。

我们在选购充电宝时要注意以下几点:

1)要选择正规的品牌,这样质量和售后才能相对有保障。

2)决定充电宝价格的,除了品牌因素,就是充电宝所采用的电芯的材质和质量了。采用聚合物的电芯爆炸风险要小得多,从而具备良好的安全性能。

3)一些价格便宜尤其是网店售卖的充电宝,很多都以次充好,存在虚标现象,要多加注意。

4)容量不是大就好,要根据自己每天的实际耗电量来确定。大容量的充电宝除了笨重外,还有以下两个缺点:一是大容量电芯数量多,使用时间长了,会因为每个电芯容量不一致导致每次给手机充完电后,电芯之间为了平衡电压,相互充电,引起发热,从而出现安全隐患;二是大容量充电宝的充电速度慢。

劣质不合格插线板隐患大

随着我们在日常生活和学习中的用电设备日益增多,插线板成为许多场合的必需品。为保障插线板产品安全,我国制定了《家用和类似用途插头插座》强制性国家标准,并于2010年实施。该标准对我国插座转换器(俗称"插线板")各项安全性能指标进行了严格规定,标准技术水平与国际标准一致。但是,也有一些企业枉顾安全风险,在利益驱动下,生产劣质插线板,导致产品的主要安全性能不符合国家标准要求,容易引发触电、火灾等事故,严重危害消费者人身安全和财产安全。此外,个别消费者的质量安全意识淡薄,贪图便宜,选择购买和使用低价劣质的插线板,为触电、火灾等安全事故埋下隐患。

【案例5】2009年3月16日上午10时30分许,位于北京市朝阳区的中央美术学院校外的临时简易房公寓因插线板故障引发火灾,长约1个小时的大火烧毁了中央美术学院进修学生居住的整栋彩钢板房,造成440余人受灾,1人受伤,着火面积达3000米²。经消防部门调查,确定该起火灾为插线板故障引起。被烧毁的临建宿舍是用塑钢材料制成的,一旦发生火灾极易燃烧。

插线板配用铜芯线过细的劣质电线是引起上述安全事故的主要原因。铜芯线导体的横截面积越小,即电线越细,则电线承载容量越小。现在,一些家用电器的功率越来越大,如电暖器、电磁炉、电吹风、电熨斗等,当劣质插线板接上这些大功率电器时,就会出现温度快速上升、过度发热、电线变软的现象,可能导致电线的绝缘外皮受热而熔化,出现短路,有发生触电及电气火灾的危险。还有一些劣质插线板,使用其他劣质金属材料作为电线的导体,埋下安全隐患,严重威胁着消费者的安全。

2015年和2016年,福建省质监局连续两年对当地市场在售的插线板进行抽查检测。他们从市场上购买了不同品牌的55个批次样品,检测结果显示:这些产品全部达不到新国标的要求,不符合率高达100%。这些不合格的插线板成了我们身边的"隐形炸弹",轻则烧焦插口、烧坏插头,重则引起火灾,使得我们的人身财产安全受到严重威胁。

这些不合格产品主要存在以下几个问题:

1)没有加装"安全保护门"。排插产品新国标中有一项重要的规定:所有的移动插线板必须加装安全保护门。

2)所使用的电线过细。使用这种插线板在通电之后,因温度上升过快,容易引燃产品外壳,造成火灾。

3)阻燃性能不达标。一旦遇到明火,插线板所用的包装材料无法阻止火势蔓延,极易引发火灾。

4)漏电。在我国,因为插线板不合格引发的触电伤害事故时有发生。

5)三孔"万能插座"(图2-1)仍然在售。我国从2010年开始就已禁止使用这种万能插座,但商店、网上还有很多在售,很多人在购买。这种插座在设计时为了兼容两插或三插的国外插头,如英标、美标、欧标等插头会出现大插孔的设计,但这样做很容易引起触电事故。而且,这种插座的插片与电器插头接触面积过小,容易使插片过热而导致火灾的发生。排插产品新国标要求:生产三极插孔分开组合形式(俗称新五孔插座)的插座(图2-2),这种插座的插头与插座的接触面积更大,接触更紧密,降低了触电隐患。排插产品新国标实施日期是在2017年4月14日,这之后不能再生产旧版标准的产品,如不带保护门的产品。将插线板列入3C强制认证目录,未获得强制性产品认证证书和未标注强制性产品认证标志的,不得出厂销售。排插产品新国标除了要求插线板要具备安全门之外,还对线材方面也提高了要求,如额定电流10安的延长线插座,导线的最小横截面积由原来的0.75毫米²提高到1毫米²;额定16安的则从1毫米²提高到1.5毫米²,提高了插座的承载能力,大大减少了由于线缆过载引发的安全事故。

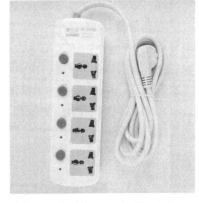

图2-1 我国从2010年起已经禁止销售和使用三孔"万能插座"

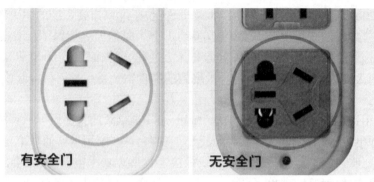

图2-2 符合新国标要求的带有安全门的插线板和没有安全门的插线板对比图

安全要领

一、家庭用电安全

1)认识并了解电源总开关,学会在紧急情况下安全拉断总电源。

2)不用手或导电物(如铁丝、钉子、别针等金属制品)去接触、探试电源插座内部。

3)不用湿手触摸电器,不用湿布擦拭电器。

4)电器使用完毕后应拔掉电源插头;插拔电源插头时不要用力拉拽电线,以防电线的绝缘层受损造成触电。

5)发现有人触电要设法及时关断电源;或者用干燥的木棍等物将触电者与带电的电器分开,不要用手去直接救人。

6)不随意拆卸、安装电源线路、插座、插头等,哪怕安装灯泡等简单的事情,也要先关断电源,并在专业人员的指导下进行。

7)电器使用过程中发现有冒烟、冒火花、发出焦煳的异味等情况,应立即关掉电源开关,停止使用。

8)睡觉前或离家时要切断电器电源。

9)家用电热设备一定要远离煤气罐。发现煤气漏气时千万不能贸然拉合电源,要先开窗通风,并及时请专业人员修理。

10)发现家用电器故障,应请专业人员进行修理,自己不要拆卸,防止发生电击伤。

二、宿舍用电安全

近年来,学生宿舍火灾屡有发生,这些火灾多数是因为学生使用电器不当引发的,对个人和他人造成了严重伤害,使国家、学校、个人和家庭蒙受了不同程度的损失。那么,同学们在宿舍安全用电方面应该注意什么呢?

1. 注意电气线路的使用状况

电气线路起火通常是由于短路、超负荷、接触不良、漏电等因素造成的。我们一旦发现学习、居住的环境有线路安全隐患,一定要及时向老师和管理部门反映,及时把问题消灭在萌芽状态。

2. 不在宿舍使用热得快等大功率电器

热得快没有定温、定时等安全保护装置,如果使用不当,极易引燃周围的可燃物品,引起火灾。同时,学生宿舍内所铺设的电线,往往不能承受这类大功率电器的负荷。在宿舍使用大功率电器,极易造成电线过载,从而引起电线或电表线圈发热,甚至起火成灾。因此,许多学校明文规定,学生宿舍内严禁使用热得快和电炉等大功率电器。

3. 不在宿舍内私自拉接电线

宿舍内私自拉接电线非常危险,容易引起火灾和造成触电事故。电线的安装铺设是一项对专业知识和技能要求很高的工作,所以,安装电线和电气设备必须由专业电工操作。有的同学为了使用方便,私自拉接电线,这种行为会严重威胁到自己和他人的生命安全,是绝对禁止的。

4. 安全使用充电宝

充电宝充电结束后,要及时断电。充电宝给手机充电时,不能覆盖其他物品,注意观察,当手机或充电宝过热时,应立即停止充电。

5. 使用插线板时要注意安全

购买和使用合格的插线板,插线板不能超负荷使用,这都是安全用电的基本前提。在插线板上一般都标有额定功率,假若在使用插线板时,要同时插好几种电器的插头,就应先仔细算一下所有电器的功率之和是否超过了该插线板允许的额定功率,如果比插线板的额定功率低,使用就安全;相反,所使用的几件电器的总功率大于插线板的额定功率,这就不安全。超过额定功率的后果将是烧毁电线和插线板,严重时还会引起火灾,所以,切记使用电源插线板不要"小马拉大车"。同时,购买合格的插线板且安全使用也很关键,应该注意的事项有以下几个方面:

1)插线板的电线放在经常有人来往的通道比较危险,一旦线路老化或遭外力损伤,都很容易造成触电伤人事故,因此最好避开通道。

2)使用时,不要将插线板的电线盘卷在一起,或是把电线捆在一起。将过长的电线盘卷起来,长时间地使用会使电线积热,容易造成火灾事故,所以电线要尽量散开。

3)不能超载使用插线板。不能将大于插线板电流允许值的大功率电器插在插线板上。

4)当购买的插线板上插头的尺寸与居室中插座尺寸规格不同时,不要人为改变插头的尺寸或形状,强行插在插座上,也不要随意更换原配的插头,如将10A的插头更换为16A的插头。

5)应养成用完电器就断开电源、拔下插头的良好习惯。

如何挑选插线板

第一步:掂重量。符合国家标准的插线板内部所用铜线多、铜片厚,塑料壳严实,因此分量较重;而不合格的产品偷工减料明显,会感觉轻很多。

第二步:听声音。可反复几次试按插线板的开关,合格插线板开合自如且声音清脆;不合格产品则手感生硬,易卡滞。

第三步:试手感。合格插线板不仅每个插孔的插拔手感适中有弹性,并且各插孔的插拔手感一致;不合格产品的插拔力度则过松或过紧,弹性差且易松动。

第四步:看硬度。合格插线板的电源线手感软硬适中,与插线板连接扎实可靠;而不合格产品的电源线手感较软,与插线板连接不牢固,极易拉脱。

6. 养成人走电断的好习惯

养成人走电断、停电断开关的好习惯。当我们离开房间时,及时关闭各种电源。这不仅是安全用电的需要,也有助于我们养成节约能源的良好意识。

　警惕"电老虎"——用电安全　

三、触电后的科学急救措施

触电又称电击伤,通常是指人体直接触及电源或高压电经过空气等其他导电介质传递电流通过人体时引起的组织损伤和功能障碍,重者发生心跳和呼吸骤停。

一旦有人触电,我们一定要沉着冷静应对,防止二次事故的发生。采取以下救助方法和步骤:

1)迅速切断电源。立即拉下电闸或关闭电源开关,拔掉插头,使触电者很快脱离电源。用干燥的木棍、塑料制品、橡胶制品等绝缘物品挑开接触触电者的电源,使触电者迅速脱离电源。

2)如触电者仍在漏电的较大的金属物体上,可在自己脚下垫一块干燥木板或塑料板,用干燥绝缘的衣服、绳子套在触电者身上将其拉离电源。

3)未切断电源之前,切忌用自己的手直接去拉触电者,这样自己也会立即触电而受到伤害。

4)触电者的心跳、呼吸骤停时,应立刻对其实施心肺复苏。

　心肺复苏急救技能演示　

对呼吸停止、心搏骤停人员实施心肺复苏急救的方法

心肺复苏是对呼吸停止、心搏骤停病人的一种急救措施,心肺复苏可以使此类病人恢复自主呼吸和心跳。如食物和药物中毒、车祸、心脏病、高血压、触电、气体中毒、异物堵塞呼吸道等导致病人停止呼吸和心跳的情况均可以通过心肺复苏来抢救。在进行心肺复苏抢救之前,首先要评估现场环境,在确认现场安全的情况下,才可以进行抢救。

1. 判断意识、寻求帮助

首先要判断病人有无意识。在病人双侧耳旁呼唤、轻拍肩部,确认意识丧失后立即呼救,寻求帮助。例如,"有人晕倒,现场有懂医的请过来帮忙。""这位先生请您帮忙拨打120。"

2. 判断呼吸和静脉搏动

让患者仰卧,身体无扭曲;解衣裤,充分露出胸部。食指、中指并拢,指尖触及患者气管正中(相当于喉结的部位)旁开两指,快速判断呼吸和颈动脉搏动 5～10 秒(数 1001,1002,1003,1004,1005……),查看胸部有无起伏,确认呼吸停止,无颈动脉搏动,立即实行胸外按压。

3. 胸外按压

按压部位为胸部正中,即胸骨中下部,两乳头连线中点胸骨正上方。按压手法为:一手掌根部放于按压部位,另一手平行重叠于此手背上十指交扣,指尖翘起,掌根用力,身体前倾,保持肩、肘、腕在一条直线上,并且与病人身体垂直,利用上身重量垂直下压。按压深度为 5～6 厘米,按压频率为 100～120 次/分钟,按压 30 次之后,开始做人工呼吸。

4. 打开气道

首先要开放气道,将病人头偏向一侧,检查并清理呼吸道。口腔无分泌物,无假牙。施救者一只手置患者前额,手掌向后下方施力,使头充分后仰;另一只手的食指、中指将额部向前抬起。使下颌角与耳垂的连线和地面垂直。

5. 人工呼吸

保持气道通畅,用压颌之手的拇指和食指捏住患者的鼻子,正常吸一口气,屏气,双唇包绕密封患者口部吹气,同时观察其胸廓有无起伏。吹气时间至少 1 秒。胸外按压和吹气次数之比为 30∶2,吹完后,松开捏鼻翼的手,观察胸廓上抬的情况,再重复吹气一次。以胸外按压开始,以吹气结束,这是一个循环。

6. 进行五个循环,判断效果

连续进行五个上述的循环之后,再次判断病人是否恢复了呼吸和颈脉搏动,判断时间应在 10 秒以上。如果已经恢复,应做好人文关怀,为病人穿好衣服,等待医务人员的到来;如果没有恢复,则继续进行新的循环。心肺复苏终止的几个条件是:患者恢复生命体征;医务急救人员到来接手;现场复苏满 30 分钟无效。

练习展示

1. 你看到有同学在宿舍走廊灯的旁边接出一个插线板,有几个同学用插线板给手机充电,还有的同学正在用吹风机吹头发,你认为这样做有什么不妥?

2. 你的一位同学为了防止手机丢失,在用充电宝给手机充电时把二者锁在储物柜里,这是否有安全隐患?

任务二　防范火灾

开篇分享

防范火灾歌

无论家中和野外,烟头火种莫乱弃。
众人警惕不失火,一人麻痹害大伙。
电线本该规矩走,私拉乱接埋隐患。
危险物品易爆燃,家里存放不安全。
楼房着火也不惊,掌握要领能逃生。
衣服着火别奔跑,就地打滚压火苗。
家用电器种类多,同时使用线很热。
电源线路常检查,短路起火先拉闸。
油锅着火你别急,锅盖盖严就能熄。
加油加气易燃地,手机电话要关闭。
欢度节日搞庆典,烟花爆竹要少放。
燃气泄漏不要慌,先关阀门再开窗。
安全出口要记清,顺着箭头方向走。
时间真的很重要,莫恋钱物保生命。
火灾烟气往上升,湿物捂鼻弯腰行。
火灾面前莫着慌,报警逃生两不忘。
防火安全无小事,疏忽一时火灾起。
火警电话一一九,虽然免费不乱打。

案例分析

据公安部消防局官方消息,2016 年全国共接报火灾 31.2 万起,死亡 1582 人,受伤 1065 人,直接财产损失 37.2 亿元。

【案例 1】2016 年 5 月 21 日上午 11 时许,大连市长兴岛经济开发区三堂村三堂街 292 号发生火灾,位于一家商店二楼的补习班着火,造成三名六年级学生死亡。

据警方通报称,公安消防部门初步认定的起火点位于"小博士"商店一楼东侧的厨房,起火原因为洛某使用电炒锅加热至油温过高着火后,处置不当进而引发火灾。过火面积 80 米^2,室内物品均有不同程度的烧毁,楼梯、厨房、卫生间和楼梯附近的墙体烧毁严重,烟熏程度较重。

【案例 2】2008 年 5 月 18 日晚 10 时许,住在某培训学校三楼的职工李某刚躺下准备睡觉,闻到有烟味就穿上衣服下到二楼车床操作间查看,推开操作间门发现有火光和浓烟后,立即上三楼叫司机和学生,并到一楼让值班人员把大门打开,让人员到附近消防一中队报警。当时楼上共有师生 26 名,听到呼喊后有部分师生跑到楼下。消防一中队接到报警后,立即出动消防车三辆、抢险救援车一辆，官兵 22 人赶往现场。晚 10 时 33 分，经过 15 分钟紧张有序的抢救，剩余被困人员被安全营救，晚 11 时 10 分，火势被完全扑灭。

经调查，着火点位于车床操作间东北角的木质隔断墙，该操作间北墙靠东侧摆放有一个木质柜子，木质柜子西侧有一扇木质门，靠操作间东墙有木质储物柜 12 排，靠储物柜停放有一辆自行车，操作间靠南墙自东向西有 5 个台式车床，靠操作间北墙有 2 个台式钻床和 4 个台虎钳。此次火灾的过火面积达 20 余米²，其中储物柜烧毁 2 排、木质柜子部分炭化、木质隔断已完全炭化。事故未造成人员伤亡，直接经济损失为 600 元。经现场勘查，该火灾系电路老化发生短路，引燃木质隔断而发生的。

【案例 3】2008 年 11 月 14 日早 6 时 10 分左右，上海商学院徐汇校区一栋学生宿舍楼发生火灾，4 名女生从 6 楼宿舍阳台跳下逃生，当场死亡，酿成近年来最为惨烈的校园事故。上海市公安局 11 月 14 日下午对外发布消息称，事故初步判断为宿舍里使用"热得快"引发电器故障并将周围可燃物引燃所致。

【案例 4】2006 年 10 月 8 日上午 9 时，中国地质大学（武汉）北校区男生宿舍第 22 栋某宿舍起火，校方保卫人员用灭火器及时扑救，四个床位烧毁了两个。起火时宿舍里没人，台灯没有关闭，因为电线短路引发火灾。

【案例 5】2006 年 7 月 14 日早晨，中国传媒大学学生公寓一个女生宿舍起火。起火时宿舍内一名女生被困屋内，女生说可能是对铺的一个充电器起火，该充电器已在插座上插了 3 天。

【案例 6】1997 年 5 月 23 日凌晨 3 时许，云南省富宁县某学校学生侯某在床上蚊帐内点蜡烛看书，不慎碰倒蜡烛引燃蚊帐和衣物引起火灾。火灾烧死学生 21 人，伤 2 人。

【案例 7】2011 年 5 月 1 日凌晨 3 时许，吉林省通化市"如家快捷酒店"某分店起火，造成 10 人死亡，41 人受伤。经侦查，此次火灾是由酒店楼梯间失火且浓烟上蹿引发的。据现场目击者介绍，火灾发生时，酒店楼上很多住客把窗户玻璃砸碎，向窗户外挥动着毛巾等物呼救，酒店下面满是落下的玻璃碎片和毛巾、被单、被子等物。负责抢救的通化市人民医院副院长说："这些伤员几乎没有一个有烧伤和烫伤，主要症状是头晕、恶心、咽喉痛。包括遇难者，尽管身体熏得黑乎乎的，但是没有烧伤痕迹，主要都是吸入有毒气体和缺氧死亡。"

【案例 8】1994 年 12 月 8 日下午，新疆维吾尔自治区教委某评估验收团到克拉玛依市检查工作，克拉玛依市教委组织中小学生在友谊馆为验收团举行汇报演出，部分中小学生、教师、工作人员、验收团成员及当地领导共 796 人到馆内参加活动。下午 4 时 20 分左右，由于舞台上方 7 号光柱灯烤燃附近纱幕，引起大幕起火，火势迅速蔓延，约一分钟后电线短路，灯光熄灭，剧院内各种易燃材料燃烧后产生大量有毒有害气体，伤亡极为惨重。本次事故造成 325 人死亡，（其中小学生 288 人，干部、教师及工作人员 37 人），132 人受伤。

安全要领

火灾是指在时间或空间上失去控制的燃烧所造成的灾害。在各种灾害中，火灾是最经常、最普遍地威胁公众安全和社会发展的主要灾害之一。人类能够对火进行利用和控制，是文明进步的一个重要标志。所以说，人类使用火的历史与同火灾做斗争的历史是相伴相生的，人们在用火的同时,不断总结火灾发生的规律,尽可能地减少火灾及其对人类造成的危害。

随着社会的不断发展,在社会财富日益增多的同时,导致发生火灾的危险性也在增多,火灾的危害性也越来越大。近年来,火灾事故频频发生,伤亡人数和财产损失给我们敲响了警钟。大火无情,面对火灾,我们应"防为上,救次之,戒为下"。对于个人,则必须懂得火灾的危险性、预防火灾的基本知识、扑救火灾的方法,并且会报火警、会使用消防设施扑救初起火灾、会自救逃生等。

一、宿舍起火的原因分析

宿舍是学生在学校的"家",同学们大多会选择在宿舍里度过校园的休闲时光,然而宿舍一旦发生火灾,特别是在夜间,就会对同学们的生命财产安全构成严重威胁。学校发生火灾往往有以下几个特点:

1. 违章用电是祸首

"热得快"便宜,用起来又方便,是一些同学在宿舍里偷着用的"小家电",而"热得快"这类大功率电器恰恰是学生宿舍起火的主要原因。因为它不但功率大,会引起电线超负荷,线路失火,而且如果忘记正在烧水,热水瓶里的水烧干之后,会烧毁外壳及其他易燃物品引发失火。

2. 吸烟也是火灾的元凶

为了维护同学们的身心健康,学校禁止学生吸烟,但现实中还是有一部分学生违纪抽烟。烟草除了危害我们的身体健康,也是引发火灾的隐患。烟头表面的温度为200～300℃,中心温度可达700～800℃,超过了棉麻、毛织物、纸张、家具等可燃物的燃点,若乱扔的烟头接触到这些可燃物,很容易引起火灾。

3. 焚烧杂物也容易引发火灾

焚烧杂物不仅污染环境,还是极其危险的行为,无论是在宿舍、教室还是其他场所,都非常容易引发火灾事故。

二、灭火器的基本知识

1. 灭火器的种类

灭火器是把火灾消灭在初期和萌芽状态的有力工具。按所充装的灭火剂的种类不同,可以分为泡沫灭火器、二氧化碳灭火器、干粉灭火器、卤代烷灭火器、酸碱灭火器和清水灭火器等。

 正确使用手提式灭火器

2. 常见的手提式干粉灭火器的使用方法

着火初期,一般可用手提式干粉灭火器进行灭火(金属燃烧火灾除外)。手提式干粉灭火器主要由筒身、喷嘴、鸭嘴阀三部分构成,使用方法概括为四个字:

提:拿着把手将灭火器提起。

拔:拔去保险,拔下保险销。

瞄:在离起火点2～3米处瞄准起火点。

按:按住喷射装置,对准火焰根部压下鸭嘴阀喷射,期间不能放开,否则会中断喷射。水平横向移动,将干粉包围并覆盖起火点,不留明火,防止复燃。注意不要逆风喷射。

三、浓烟环境下火场逃生的技巧

1. 火灾中的致死原因

火灾中可致人死亡的原因主要有以下四种:

(1)有毒气体

火灾中燃烧所产生的有毒的气体主要是一氧化碳。空气中一氧化碳的含量达到0.04%~0.06%时,就可使人中毒。据统计,吸入有毒有害气体导致死亡的人数占火灾死亡总人数的75%左右。浓烟中含有的微粒子(碳元素)等,往往2~3分钟就会使人休克、窒息而死亡。

(2)缺氧

由于燃烧,氧气被大量消耗,因而火灾中的烟有时呈低氧状态。由于吸入这种烟而造成缺氧,有时可致人死亡。

(3)烧伤

由于火焰或热气流损伤大面积皮肤,引起各种并发症而致人死亡。

(4)吸入热气

如果在火灾中受到火焰的直接烘烤,就会吸入高温的热气,从而导致气管炎症和肺水肿等而窒息死亡。

2. 浓烟中逃生的技巧

在浓烟中逃生,人体如果防护不当,容易将浓烟吸入体内,导致昏厥或窒息,同时,眼睛也会因烟的刺激,导致刺痛而睁不开。我们一旦深陷其中,可以采取下面的办法自救:

1)用水(没有水源时可使用尿液)把衣服、毛巾或其他棉制品打湿对折,捂住口、鼻,防止浓烟吸入。

2)火灾中由于热空气上升的作用,大量的浓烟漂浮在上层,因此要采取弯腰姿势逃生。

3)火势较大不能撤离时,尽量寻找较安全的位置躲避,可以用湿的东西堵住门缝,防止浓烟进来。

4)用掷物或敲击等方法吸引救援人员的注意,发出求救信号。

吸烟的危害

1. 吸烟是引发火灾的重要隐患

烟头虽是个不大的火源,但它能引起许多物质着火。烟头表面的温度为200~300℃,中心温度为700~800℃,一般可燃物的燃点大多低于烟头表面温度,如纸张为130℃,布匹为200℃,木头为250℃。一支香烟燃烧的时间为4~15分钟。在这段时间内能将一般可燃物点燃,经过一段时间阴燃后,便可着火燃烧。据在自然通风条件下试验,将烟头扔进深5厘米的锯末中,经过75~90分钟阴燃,便开始出现火焰。而对化学危险物品来说,香烟明火会立即引起其燃烧爆炸。

2. 吸烟对人的身体健康产生危害

吸烟的害处很多，它不但吞噬吸烟者的健康和生命，还会污染空气，危害他人。

（1）肺部疾病：香烟燃烧时释放 38 种有毒化学物质，其中的有害成分主要有焦油、一氧化碳、尼古丁、二噁英和刺激性烟雾等。焦油对口腔、喉部、气管、肺均有损害。烟草烟雾中的焦油沉积在肺部绒毛上，破坏了绒毛的功能，使痰增多，使支气管发生慢性病变，气管炎、肺气肿、肺心病、肺癌便会产生。据统计，吸咽的人 60 岁以后患肺部疾病的比例为 74%，而不吸烟的人 60 岁以后患肺部疾病的比例仅为 4%。

（2）心血管疾病：香烟中的一氧化碳使血液中的氧气含量减少，造成相关的高血压等疾病。吸烟使冠状动脉血管收缩，使供备量减少或阻塞，造成心肌梗死。吸烟可使肾上腺素增加，引起心跳加快，心脏负荷加重，影响血液循环而导致心脑血管疾病、糖尿病、猝死综合征，以及呼吸功能下降、中风等共 20 多种疾病。

（3）吸烟致癌：研究发现，吸烟是产生自由基最快和最多的方式，每吸一口烟至少会产生 10 万个自由基，从而导致癌症和许多慢性病。英国牛津提德克里夫医院曾对 3.5 万名吸烟者进行长达 50 年的研究，得出的结论显示：肺癌、胃癌、胰腺癌、膀胱癌、肝癌、口腔癌、鼻旁窦癌等 11 种癌症均与吸烟显著相关。吸烟的人容易感冒，是因为人体的淋巴细胞活性降低。

（4）吸烟还会导致骨质疏松，更年期提早来临。吸烟可使男性丧失性功能和生育能力。孕妇吸烟可导致胎儿早产及体重不足，流产的概率增高。吸烟使牙齿变黄且容易口臭。

（5）吸烟对智力的危害。吸烟可使人的注意力受到影响。有人认为，吸烟可以提神、消除疲劳和触发灵感，这都是毫无科学道理的。实验证明，吸烟严重影响人的智力和记忆力，从而降低工作和学习的效率。

吸烟害人害己，被动吸烟的人受到的危害是吸烟人的 5 倍。我国有大约 53% 的未成年人被动吸烟，在被动吸烟环境下成长的儿童更容易患肺炎、支气管炎、重症哮喘和其他疾病。为了你和家人的健康，请尽早戒烟吧！

四、火灾逃生的要领

1. 火灾初期是逃生的最佳时机

据消防人员介绍，火灾刚发生时是逃生的最佳时机，但在实际中不少人觉得火势离自己很远，存侥幸心理，逃生不及时，甚至看热闹，白白浪费了黄金逃生时段。而高层火灾一般扑救难，营救被困人员更难，因此，提高人们的消防安全意识和自救能力很关键，每个人对自己所在的高层建筑的疏散通道、安全出口要做到了然于胸。当你发现着火，现场只有你一个人时，不管情况如何，不能见火就跑。俗话说得好，"临危不乱，灾情减半"。因为，初期火灾容易扑灭，若能及时扑灭，火情不会扩大；所以，应该一边呼救，一边进行扑救。但要首先估量自己是否有能力、有把握将初期火灾扑灭。如果有能力，那就使用相应的灭火方法将火扑灭。发现火势较大，要迅速拨打火警电话 119。报警时要讲清详细地址、起火部位、着火物质、火势大小、报警人姓名及电话号码，并安排人员到路口迎候消防车。

2. 轻微火情的紧急应对

对于突然发生的比较轻微的火情,应掌握简便易行、应付紧急情况的方法:水是最常用的灭火剂,木头、纸张、棉布等起火,可以直接用水扑灭;用土、沙子、浸湿的棉被或毛毯等迅速覆盖在起火处,也可以有效地灭火;用扫帚、拖把等扑打,也能扑灭火苗;油类、酒精等起火,不可用水去扑救,应该用沙土或浸湿的棉被迅速覆盖;燃气起火,可用湿毛巾盖住火点,迅速切断气源;电器起火,不可用水扑救,也不可用潮湿的物品捂盖,水是导体,这样做会发生触电,正确的方法是首先切断电源,然后再灭火。

千万不要用面粉灭火

有的同学觉得沙土能灭火,认为面粉也是粉状物,能不能用面粉去灭火呢?如果在厨房里用大量的面粉放到少量的火苗上隔绝空气,的确可以起到灭火的效果,然而,面粉作为一种可燃物,在空气中高度分散时遇到火源将会发生剧烈的粉尘爆炸。实验证明,当面粉与空气充分混合,面粉在被扬起的情况下,每立方米的空气中面粉的含量只要达到20~100克,只需要一星点火花就能引起爆炸,所以,我们千万不能用面粉灭火。

3. 人身着火的正确应对

在火场中很难避免人身上不被火烧着,一旦身上着火,人们往往惊慌失措不知如何处理,以至不但没有把火灭了,反而火越来越大,造成不可挽回的伤亡。人身上着火到底要怎么办呢?有以下几种有效的处理方法:

1)不能奔跑,应就地打滚,如果条件允许,可以迅速将着火的衣服撕裂脱下,浸入水中,或摔打、猛踩,或用灭火器扑灭。

2)若附近有河流、水池,可迅速跳入浅水中,但如果烧伤面积太大或程度较深,则不能跳入水中,防止细菌感染或其他不测。

3)两个以上的人在场时,未着火的人要镇定,立即用随手可以拿到的麻袋、衣服、扫帚等朝着火人身上的火点覆盖、扑、掼或帮助撕下衣服,或将湿麻袋、毛毯把着火人包裹起来。但应注意,不能用灭火器直接往人身上喷射。

4. 火场自救的基本方法

1)熟悉环境法:进行必要的逃生训练和演练,确定逃生出口和逃生去往的目标。

2)迅速撤离法:初起火灾,只要迅速撤离,是可以安全逃生的。

3)毛巾保护法:火灾中产生的一氧化碳在空气中的含量超过1.28%时,即可导致人在1~3分钟中毒死亡。逃生时,把毛巾浸湿,叠起来捂住口、鼻;无水时,干毛巾也可。身边如无毛巾、餐巾布、口罩、衣服也可代替。多叠几层,使滤烟面积增大,将口、鼻捂严。穿越烟雾区时,也不能将毛巾从口、鼻上拿开。

4)通道疏散法:优先选用最便捷、安全的通道,如疏散楼梯、消防电梯、室外疏散楼梯等。头部、身上浇些凉水,也可以利用避雷线、落水管等。

5)绳索滑行法:通道完全被火封锁时,如果所处楼层较低,可以利用结实的绳子,或将窗帘、床单、被褥等撕成条,从窗口逃生。

6)低层跳离法:被火困在二楼,若无条件自救并得不到救助,在烟火威胁、万不得已的情况下,也可以跳楼逃生。

7)借助器材法:人们处在火灾中,生命危在旦夕,不到最后一刻,谁也不会放弃生命,此时可借助救生袋、救生网、气垫等。

8)暂时避难法:走廊的末端、卫生间等可用来暂时避难,应关紧迎火的门窗,打开背火的门窗,淋湿房间内的一切可燃物。

9)标志引导法:按照转弯处、紧急出口、安全通道的引导标志指示方向逃生。

10)利人利己法:在逃生的过程中应相互关照,一起齐心尽快撤离,如看见前面的人倒下,应立即扶起,避免由于拥挤发生踩踏事件,做到有序疏散。

逃离火海——火灾自救

五、交通工具火灾逃生指南

1. 地铁起火的逃生指南

(1)及时报警

地铁车厢发现火灾后,应立即拨打119报警电话,并按下车厢内的紧急报警按钮。如果火灾发生在本节车厢,要向列车前进的方向转移;如果火灾发生在前部车厢,人员撤离到后部车厢之后要关好车厢连接处的车门。

(2)破窗逃生

当车厢内火势不大时,应避免开启窗户逃生,以免加大火势蔓延的速度;当车厢内火势较大时,可破窗逃生。但是,列车如果处于行驶状态,则不能砸窗和跳车。

(3)隧道内疏散需听从指挥

火灾发生时,如果列车在隧道内已无法运行,需要在隧道内疏散乘客时,一定要听从指挥,不能主观判断逃生方向。这是因为地铁控制中心及司机会根据列车所在区间位置、火灾位置、风向等综合因素确定最佳的疏散方向,我们应在司机的指引下,沉着冷静、紧张有序地往临近车站撤离。

(4)其他注意事项

逃生过程中要用淋湿的毛巾或衣物捂住口、鼻,低姿行走,不要贪恋财物,不能进入另一条隧道(有的地铁是双隧道)。要注意朝明亮处且迎着新鲜空气跑,车站工作人员会前往事发地接应。

2. 大客车、公交车起火的逃生指南

(1)利用车载灭火器灭火

如果火势较小,应选择用车载灭火器灭火;如果火势很大,则应迅速弃车逃生。

(2)利用安全锤(图2-3)逃生

紧急情况下,乘客可用安全锤击碎汽车侧窗玻璃逃生,砸玻璃时敲击位置为玻璃四角。

为了乘客安全,汽车往往采用钢化玻璃,这种玻璃在被打碎后呈颗粒状,不会像普通玻璃碎裂后那样锋利。注意是在车窗玻璃的一个点上敲击,这样玻璃受力面小,所以能很快击碎玻璃。如果用安全锤乱敲一阵,受力不均匀,钢化玻璃反而不易击碎。如果由于特殊情况一时无法找到安全锤,我们要尽快找到一些尖状硬物,如钥匙、手表等,用其棱角击打车窗也可以起到同样的效果。需要格外提醒同学们注意的是,在非紧急情况下,千万不能随意挪动、动用安全锤。

图2-3 用于击碎钢化玻璃的安全锤

(3)利用客车的天窗

乘客只要旋转车顶天窗上的红色扳手,就能将天窗打开。

(4)利用应急开关

每辆公交车都有应急开关,有些在司机座位旁边,有些在车门顶部,具体操作按照应急开关旁边的说明使用,公交车司机应提前学习并知晓。

练习展示

1. 李同学乘坐长途客车时发现车窗旁边摆着一把红色的"小锤子",出于好奇,他把"小锤子"取下来玩耍,被司机发现后呵斥并制止,李同学觉得很委屈。你怎么看这件事?

2. 老师讲课时说道:火灾发生时不能乘坐电梯逃生。可有的同学认为电梯的速度比靠两条腿往下跑快多了,能为逃生节约宝贵的时间。这名同学的说法对吗?

3. 老师在讲解心肺复苏的要领时,个别同学不屑一顾,认为"我们又不是医生护士,救人也轮不到我们,学不学没多大用"。你觉得呢?

4. 王同学有偶尔吸烟的习惯,在乘高铁列车时忍不住到卫生间点燃了香烟。这种做法是否妥当?可能会造成哪些不良后果?

任务三 安全出行

交通安全歌

平安出行很重要，交通安全要记牢。

交叉路口多留意，一慢二看三通过。

红灯停步绿灯行，人行道上我来走。

天桥地道斑马线，横穿马路很危险。

骑车不能只图快，闯了红灯危险来。

骑车还要看手机，发生事故后悔迟。

乘车安全也要讲，上车先系安全带。

头手不能伸窗外，发生剐蹭不得了。

超员超载不能上，易出车祸易受伤。

生命人人都珍惜，遵章守序最重要。

案例分析

交通事故多么可怕，一刹那就会夺走人的生命。现在路上行驶的车辆越来越多，马路也变得越来越拥挤，交通事故也越来越多，每年有不计其数的生命被夺走，有千千万万个家庭被破坏，有无数人要承受失去亲人的痛苦。

【案例1】直闯"生命"红灯

2015年10月11日，高某驾驶甘A 90×××号的普通两轮摩托车沿安宁东路由东向西行驶至师大正门前时，因要沿直行车道由东向南行驶，此时，高某不顾转弯信号灯为红灯，强行左转与BRT（快速公交系统）车道内同向行驶的甘A DV5××号小客车右侧相撞，致高某受伤，车辆受损。

在生活中，小小的交通陋习常常造成惨痛的交通意外，夺走鲜活的生命，破坏美满的家庭。闯红灯便属于这一类交通陋习。一些人为了一时之快，心存侥幸心理，高速闯红灯，结果车毁人伤，甚至断送生命，令人扼腕叹息。此类事件告诉我们，生命没有如果，请自觉遵守交通规则。

【案例2】无证驾驶酿惨剧

2016年2月18日下午3时，××单位司机刘某驾驶一辆吉普车，在××电站执行完任务返回××市，与迎面驶来的一辆三轮摩托车正面相撞，导致乘坐三轮摩托车的10岁男孩当场死亡，摩托车司机谢某双腿骨折，三轮摩托车严重损坏，吉普车前部损坏，造成了重大交通事故。

该事故发生后，刘某虽做到了及时报案，及时抢救伤者，使事故得到了及时处理，但损失依然惨重。导致这起交通事故发生的原因是多方面的。主观上讲，人为因素应是该事故发生的主要原因。一方面，三轮摩托车司机谢某无证违章驾车，而且逆向行驶是事故发生的主要原因。另一方面,司机刘某虽然行驶路线正确,证照齐全,但行驶中思想不集中,观察判断有误,车速偏快,遇到紧急情况时采取措施不力,也应负一定责任。

【案例3】电动车引发的交通事故

2016年10月3日中午,在都昌县街头发生了惊险的一幕,一名身穿校服的中学生在骑电动车经过十字路口时,与一辆出租车发生刮擦,电动车当场倒地,该学生躺在地上昏迷不醒,而且浑身不停抽搐。事发现场,一辆出租车停在后面,司机正在用手机拨打报警电话,同时向120求救。据出租车司机介绍,电动车与出租车是相向同行,在通过路口的一刹那突然转向,出租车来不及避让,当场将电动车顶翻在地。在事故现场,仍有不少身穿校服的孩子骑着电动车从旁边呼啸而过。

【案例4】电动车频现相撞

2016年10月23日早上6时多,深圳福田区皇岗路与北环大道交汇处附近发生了一起货车与在机动车道上行驶的电动车相撞的事故,电动车上的两个人当场死亡(一名35岁妇女,一名8岁男孩),还有一名12岁男孩重伤送医院抢救。

据了解,被撞身亡的女士支某,所骑电动车上载的两个男孩是她的儿子。兄弟二人都在福田同一家小学就读,当时支某正送他们去赶乘学校校车。不料,被一辆正在拐弯的大货车撞倒。

安全要领

一、交通安全基本常识

1. 养成良好的交通习惯

交通事故的发生大都是因为人在交通活动中不重视交通安全、不遵守交通规则引发的。因此,我们每个人都应该重视交通安全,遵守交通法规。同学们更应该树立交通安全意识,掌握交通安全知识,学习交通规则,增强遵守交通法规的自觉性,提高交通安全素质。

2. 道路交通安全规则

在我国,道路上既有小汽车、摩托车、大货车等机动车和自行车、电动车等非机动车行驶,还有行人在行走。为了交通安全,要想办法把它们分开,减少它们发生冲突的概率。我国道路交通有两个基本规则:一是车辆靠右行驶,即在道路上行驶的车辆(包括机动车和非机动车)需要靠右行驶。如果靠道路左侧行驶,就是逆行,是一种交通违法行为。二是人车各行其道,即机动车、非机动车和行人都应该在自己行驶的路面范围行驶,而不能随意行驶到其他的路面上去。交通警察在管理交通时,采用隔离带、隔离护栏等物理隔离或划设交通标线把道路路面划分成几个部分。道路中间部分供机动车行驶,叫机动车行车道;在机动车行车道旁边为非机动车道,供自行车等非机动车行驶;最靠边的部分为人行道,行人必须在人行道上行走,没有人行道的靠路边走。在没有划分中心线和机动车道与非机动车道的道路上,机动车在中间行驶,非机动车靠右边行驶。

3. 道路交通标识

道路交通标志是用图形符号、颜色和文字向交通参与者传递特定信息,用于管理交通、保障安全的设施。

(1)警告标识

警告标识(图2-4)是指警告车辆、行人注意危险地点的标志。在我国,警告标识的颜色为黄底、黑边、黑色图案,形状为等边三角形,顶角向上。驾驶人见到警告标识后,应引起注意,谨慎驾驶、减速慢行。

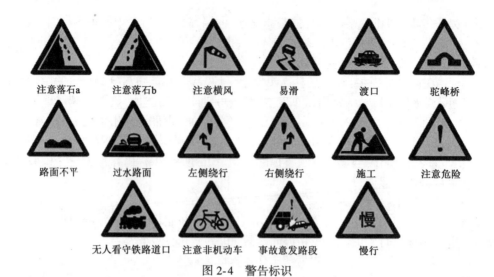

注意落石a	注意落石b	注意横风	易滑	渡口	驼峰桥
路面不平	过水路面	左侧绕行	右侧绕行	施工	注意危险
无人看守铁路道口	注意非机动车	事故意发路段	慢行		

图 2-4　警告标识

（2）禁令标识

禁令标识（图 2-5）是对车辆、行人加以禁止或限制的标志，如禁止通行、禁止停车、禁止左转弯、禁止鸣喇叭、限制速度、限制重量等。禁令标识的颜色，除个别标识外，一般为白底、红圈、红杠和黑色图案。禁令标识的形状为圆形或八角形、顶角向下的等边三角形。

禁止通行	禁止驶入	禁止机动车通行	禁止载货汽车通行
禁止小型客车通行	禁止汽车拖、挂车通行	禁止拖拉机通行	禁止农用运输车通行
禁止非机动车通行	禁止畜力车通行	禁止人力货运三轮车通行	禁止人力客运三轮通行
禁止人力车通行	禁止行人通行	禁止右转弯	禁止左转弯
停车让行	减速让行		

图 2-5　禁令标识

生命与安全

（3）指示标识

指示标识（图2-6）是用以指示车辆和行人按规定方向、地点行驶或行走的标志。指示标识的颜色为蓝底、白色图案；形状分为圆形、长方形和正方形。

（4）指路标识

指路标识（图2-7）是传递道路方向、到达地点、距离等信息的标志，一般也是蓝底、白色图案。

直行	向左转弯	向右转弯	直行和向左转弯
向左和向右转弯	靠右侧道路行驶	靠左侧道路行驶	立交直行和左转弯行驶
环岛行驶	单行路（向左或向右）		步行
鸣喇叭	最低限速	干路先行	会车先行
右转车道	直行车道	直行和右转合用车道	分向行驶车道

图2-6　指示标识

二、安全出行的基本做法

1. 行人交通安全

1）走路时要集中精力，"眼观六路，耳听八方"。行走时不要只顾看手机、听音乐，避免发生意外。

2）行人必须在右边的人行道内走；没有人行道的，则要在靠右的路边走。

3）结伴外出时，不要相互追逐、打闹、嬉戏；集体外出时，最好有组织、有秩序地列队行走。

4）横过马路时必须走人行横道（斑马线），有人行过街天桥或人行地下通道的，必须走人行过街天桥或人行地下通道。不能翻越道路中央的安全护栏和隔离墩。不要突然横穿马路，特别是马路对面有熟人、朋友呼唤，或者自己要搭乘的公共汽车就要进站时，千万不能贸然猛跑，以免发生意外。

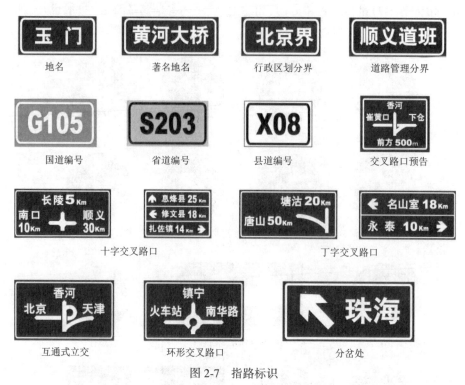

图 2-7 指路标识

5）通过有交通信号控制的人行横道，必须遵守信号指示；人行横道灯的绿灯亮时，行人可以横过人行横道；绿灯闪烁时，行人不准进入人行横道，但已进入人行横道的可以继续行走；红灯亮时，行人不准进入人行横道。

6）通过没有交通信号控制的人行横道时要先看左边，再看右边，注意避让车辆；穿过没有任何人行横道的马路时，要走直线，不可迂回通过；不要在车辆临近时突然横穿马路。

7）不准在道路上扒车、追车、强行拦车或抛物击车。

8）行人不得进入高速公路。

9）不准在机动车道上进行滑板、滑旱冰等有碍交通安全的活动。

过马路竟然这么危险

机动车道上，A 车超越 B 车时（B 车处于正常行驶或静止状态），由于 A 车的司机视线被 B 车或障碍物遮挡，从 B 车车头前等视觉盲区突然跑出行人是一件异常危险的事。这一现象让 A 车司机很难提前判断，经常因此造成交通事故。这样的交通事故俗称为"鬼探头"。

生命与安全

走出平安来——行人交通注意事项

2. 骑行安全

骑行比起走路,不安全的因素增加了许多,需要注意的安全事项有以下几个方面:

1)要经常检查车况,保持车闸和车铃灵敏、正常,车胎气压正常。

2)骑自行车要在非机动车道上靠右边行驶,不能逆行;转弯时要提前减慢速度,不抢行猛拐。

3)经过交叉路口不闯红灯,途经较大的路口需要左转弯时,要先直走,再左转,不能走小迂回。

4)骑车时不能撒把,不多人并骑,不互相追逐、打闹。自行车后座不能载人。

5)不在骑车时戴耳机听音乐。

6)经过人行横道时,要下车推行通过。

 不当"杂技演员"——骑行的安全

3. 乘车安全

1)乘坐公共汽车、电车和长途汽车必须在站台或指定地点依次候车,待车辆停稳后,先下后上,依次上车,不挤不抢。

2)不要在车行道上或交叉路口处拦停出租车,应当在非交叉路口处的行人道上拦出租车。

3)不要携带易燃、易爆等危险物品乘坐公共交通工具。

4)在机动车行驶中,不准站立、手伸出车外和跳车。不要与司机闲谈或有妨碍司机安全操作的行为。

5)当我们乘坐公共交通工具时,不要乘坐无牌照车辆、非营运车辆,不坐超员车,乘坐长途客车、中巴车时不能贪图便宜而乘坐车况不好的车,不要乘坐"黑车""摩的"等,因为这些车辆都没有安全保障。

6)乘车时,要系好安全带,不乘坐无证人员驾驶的车辆。当亲友酒后要驾驶车辆时,不应乘坐,并坚决劝阻酒后驾驶行为。

7)作为学生,如若驾驶机动车,必须首先考取驾驶证,驾驶准驾车型,无证驾驶将受到法律的严惩,也会给自己和他人带来严重危害。

4. 远离大货车

1)如果在大货车后面骑行或步行,由于大货车制动距离长,务必注意保持安全距离。同时还要注意大货车由于紧急制动,车上的货物有掉落下来的危险情形。

2)如果骑行或步行在大货车的左后方或右后方,由于大型车辆转弯时存在司机视野盲区、前后轮轨迹不同(图2-8)等原因,非常容易发生交通意外,需要我们格外注意。

3)大货车司机长途行车容易疲劳驾驶,很多时候大货车的速度过快,要尽量远离。

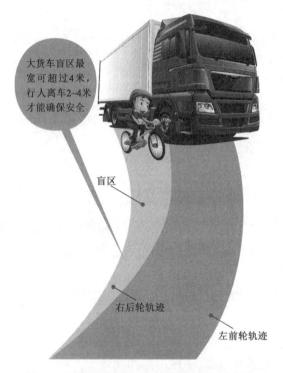

大货车盲区最宽可超过4米,行人离车2~4米才能确保安全

盲区

右后轮轨迹

左前轮轨迹

图2-8 大货车前后轮行驶轨迹及盲区示意图

5. 乘坐电梯的安全

日常生活中,我们要文明乘坐和使用电梯,必须提高自我保护意识,在电梯发生故障时防止危险发生。

1)乘坐电梯的安全要领有:电梯开门后,乘客先下后上,如果轿厢满载,应等待下一部电梯;电梯关门时,不要把手、脚、身体或其他物体伸到两个门扇之间阻挡电梯门闭合;乘坐电梯时,应与电梯门保持一定距离,不能倚靠;严禁在轿厢里打闹、蹦跳,否则电梯可能会紧急停车,造成乘梯人员被困;如遇到站后电梯门不能打开的状况,千万不能用手强行扒门,停在两个楼层之间的轿厢和扒开的电梯门会把人置于双重危险中。唯一正确的做法是使用报警按钮或轿厢内对讲系统与管理部门联系,等待专业人员救援;发生火灾或其他紧急情况,要通过楼梯通道疏散,不能乘坐电梯。

2）电梯的轿厢在控制系统全部失效的情况下,可能会发生电梯坠落事故,此时的安全要领是:马上按下电梯内每一层楼的按键。因为当紧急电源启动时,电梯便会停止继续下坠;双臂展开把住扶手或轿厢壁,这样可以减低因重心不稳而摔伤的危险;背部紧贴电梯内壁,膝盖弯曲,脚尖踮起,可以最大限度地保护我们的身体。

3）当我们乘坐手扶电梯时,安全要领有:不要只顾看手机、玩游戏,一定要紧握扶手;不要踩在黄色安全线上及两个梯级连接的部位,不要在上面行走;穿着长裙、垂地的衣服,或是穿着洞洞鞋时,一定要多加留意,防止扶梯"咬"住衣服和鞋底;不能把头、手伸出扶手以外;在手扶电梯的入口处、电梯内侧盖板底部、大型电梯的中部等处设有红色的急停按钮,紧急情况发生时可以按下使电梯停止运行。

让乘坐电梯成为上上下下的享受——电梯安全

6. 发生交通事故的处理办法

每个人都希望平安出行,但是一旦自己或他人发生交通事故,可以按照以下方法进行处理:

（1）及时报案

如果是被车撞到,可以记住车牌号码、汽车品牌、车身颜色或其他特征,然后立即拨打交通事故报警电话122或110报警电话,及时报案有利于事故的公正处理,千万不能与肇事者"私了"。

（2）保护现场

事故现场的勘察结论是划分事故责任的依据之一,若现场没有保护好,会给交通事故的处理带来困难,造成"有理说不清"的情况。

（3）控制肇事者

若肇事者想逃脱,一定要设法控制,自己不能控制可以发动周围的人帮忙控制,若实在无法控制也要记住肇事车辆的车辆牌号等重要特征。

同学们,美好的人生从安全开始,只有保证了健康和安全,才能创造美好的未来,大家一定要培养文明交通意识,养成自觉遵守交通法规的良好习惯。同时还要当好交通安全的宣传员,向别人宣传交通安全法律法规,提高交通安全意识。只要大家始终把交通安全牢记在心,落实到行动,就可远离交通事故。

练习展示

1. 一些同学在过马路时,经常边走边说笑,边走边听音乐,边走边玩手机,请你结合交通安全知识,谈谈这些现象有哪些危害性。如果你有上述行为或你发现周围的同学有上述行为,你该怎样做?

2. 有的同学为了"炫酷",买了"死飞"自行车,并在放学的路上与其他同学赛车,这种行为有什么不妥?

3. 在学生放假或放学时很多学校门口会有"摩的"、电动三轮车、出租车等各式交通工具的司机向同学们搭讪,想方设法地让同学们选择乘坐或拼车。如果你遇到这些情况,你将怎样做? 为什么?

4. 你与同学小李在人行道行走时,小李突然被身后驶来的小汽车撞倒在地。司机满身酒气下车后提出"私了",打算赔偿小李 1000 元解决此事,其他责任不予承担。小李感觉伤得不太严重想答应对方的要求,你认为小李应该答应司机的要求吗? 为什么?

第三单元 校园安全

● **训练要点**

本单元包括预防踩踏、紧急疏散、防高空抛物砸伤、运动安全、饮食安全与预防传染病五个任务,通过真实的案例分析,指导同学们学会校园环境下的安全知识、掌握相关安全技能。

1. 学习"人体麦克法"的安全技能。
2. 训练消防疏散和地震疏散技能。
3. 学习正确的洗手方法——七步洗手法。
4. 训练防范高空抛物的技能。
5. 养成良好的运动习惯、饮食和卫生习惯。

● **素养要求**

通过本单元的学习,达到以下素养目标:

1. 充分认识踩踏事故的严重性,提升主动防御踩踏事故的安全素养。
2. 学习并掌握"人体麦克法"的安全技能。
3. 提高消防安全意识,掌握消防疏散和地震逃生的技能。
4. 充分认识高空抛物的危害性,提高文明素养和主动防范能力。
5. 学习运动的安全知识,提高防范运动伤害事故的能力。
6. 培养良好的饮食习惯,提升鉴别伪劣食品的能力。
7. 养成讲卫生的好习惯,提升防范传染病的生活素养。

任务一　预防踩踏

开篇分享

防止踩踏歌

公共场所请注意,预防踩踏要留意。

人多拥挤很热闹,安全出口要记牢。

摩肩接踵防摔倒,东西掉了莫弯腰。

不要起哄和尖叫,事故往往由此生。

也别逆着人群跑,人员交叉易挤倒。

保持警惕不慌忙,遇到危险急停脚。

双肘撑开架胸前,寻找墙壁找依靠。

如果跌倒速蜷曲,双手交叉护颈脑。

双腿弯曲护腹腰,像只刺猬护得牢。

如果趴下和仰卧,十分危险不可取。

案例分析

【案例1】2014年12月31日23时35分,因正值跨年夜活动,很多游客和市民聚集在上海外滩迎接新年,上海市黄浦区外滩陈毅广场东南角通往黄浦江观景平台的人行通道阶梯处底部有人不慎跌倒,继而引发多人摔倒、叠压,致使拥挤踩踏事件发生,共造成36人死亡,49人受伤。据官方数据显示,参与此次跨年的大多是年轻人,伤亡者中以年轻女性和儿童居多。

【案例2】2009年12月7日,湖南发生了一起校园踩踏事件。当晚下着大雨,湖南省湘潭市育才中学晚上9时10分下晚自习,学生们为了不想淋雨,没有按照平时的要求从教学楼的四个不同出口走,而是都不约而同地选择了距离宿舍最近的楼梯口。当时,楼梯口只有1.5米宽,学生们一拥而下。有几个学生在一楼堵住了大路,当三楼至五楼的学生蜂拥而下的时候,突然有一个学生跌倒,导致后面的学生拥挤在一起,最后酿成了踩踏事故,最终造成8人死亡。

【案例3】2005年8月31日,巴格达北部老城区卡迪米亚清真寺附近的一座桥上,一句"人群中有人肉炸弹"的谣言酿成了伊拉克战争期间最大的伤亡事件,这也是人类历史上最惨痛的踩踏事件之一。超过1000人在踩踏中死亡,现场惨不忍睹。

仔细分析以上踩踏事故,发现这些事故都有一些共同的特点。

(1)逆行

在拥挤的通行人群中逆行是高度危险的行为。在狭窄的楼梯上,一部分人上行,另一部分人则下行,当通行人数众多,上行和下行人群互相干扰、阻碍时,很容易导致人们恐慌和互相推挤,进而引发踩踏事故。

(2)不慎摔倒

在拥挤的通行人群中摔倒,往往会成为踩踏事件的直接诱因。由于行走时注意力不集中,在下台阶时不慎踩空而摔倒;或者由于雨雪天道路湿滑,行走时不慎滑倒,而紧随其后的人由于后面人群的裹挟前行无法止步,相继被绊倒,从而发生踩踏事故。

(3)在行进中弯腰系鞋带、捡东西

在行进过程中,鞋带开了或东西掉地上了,很多人的第一反应是停下来解决问题。殊不知,如果人群拥挤,后面的人由于反应不及,很可能踩踏过去或被绊倒,从而引发事故。

(4)通行中搞恶作剧

例如,故意堵住通道、出口,故意大喊大叫,故意说出吓人的话(如大喊"着火了""地震了"等),引起人群恐慌,导致人们因急于离开而相互拥挤,进而酿成踩踏事故。

(5)部分人员通行速度过快

因部分年轻力壮者或有急事的人通行速度快于人群的整体速度而导致推挤,从而引发事故。

(6)突发事故

学校晚间突然停电后,学生因着急、恐慌、害怕而相互拥挤。

(7)好奇围观

楼梯中发生异常情况后(如有人摔倒、哭泣、打架等),一些人因好奇心驱使,不但未止步,反而纷纷凑上前围观探个究竟,导致人群拥挤。

安全要领

在遇到踩踏事件时,我们有必要牢记一些要领来防止受到伤害。

一、环境预判

在那些空间有限、人群又相对集中的场所,如学校的教学楼、宿舍楼,以及校外的商场、狭窄的街道、影院、集市、彩票销售点、超载的车辆和航行中的轮船等都隐藏着危险,当身处这样的环境中时,一定要提高安全防范意识。

二、危机心理

在拥挤行进的人群中,如果前面有人摔倒,而后面不知情的人若继续前行的话,那么人群中极易出现像"多米诺骨牌"一样连锁倒地的拥挤踩踏现象。专家分析认为,在人多拥挤的地方发生踩踏事故的原因有多种,一般来讲,当人群因恐慌、愤怒、兴奋而情绪激动失去理智时,危险往往容易产生。如果你此时正好置身在这样的环境中,就非常有可能受到伤害。在一些现实的案例中,许多伤亡者都是在刚刚意识到危险就被拥挤的人群踩在脚下,因此,及时判别危险,想方设法地离开危险境地,并且在险境中进行自我保护非常重要。

三、科学应对

1)应尽量避免到拥挤的人群中,不得已时应立即避到一旁,尽量走在人流的边缘。

2)在人群慌乱时,一定要注意脚下,千万不能被绊倒,避免自己成为拥挤踩踏事件的诱发因素。

3)当发现前面有人摔倒时,应马上停下脚步,同时大声呼救,告知后面的人不要继续向前。

4)不要试图超过别人,顺着人流走,切不可逆着人流前进,否则,很容易被人流推倒。

5)在拥挤的人流中,一定要先站稳,身体不要倾斜失去重心,要用一只手紧握另一手腕,双肘撑开,平放于胸前,形成一定的空间,保证呼吸顺畅,以免拥挤时造成窒息晕倒。

6)不要去捡掉落的钱包、手机等物品,即使鞋子被踩掉,也不要弯腰捡鞋子或系鞋带。

7）若自己不幸被人群挤倒后，要设法靠近墙角，身体蜷成球状，双手在颈后紧扣以保护身体最脆弱的部位，如图 3-1 所示。

第一步，两手十指交叉相扣，护住后脑和后颈部

第二步，两肘向前，护住双侧太阳穴

第三步，双膝尽量前曲，护住胸腔和腹腔的重要脏器

第四步，侧躺在地

图 3-1　在拥挤人群中，不慎倒地时的自我保护动作

四、自救与互救

1）踩踏事故发生后，大量的人群会从事故发生地跑出去。这会使救援的医护人员不能尽快赶往现场进行救援。这时候，需要在场的一些懂得医疗救援的人在确保自己安全的情况下马上参与救援。

2）救援过程中，应该先救重症再救轻症。现场的人员可以先将受伤者分成重伤和轻伤，死亡人员也要单独分开或区分，防止在救治过程中重复区分，耽误救援时间。

3）不能随便移动、搬运骨折或脊椎受伤的人员。可以通过按压四肢来判断，骨折处会疼痛。发现骨折后，现场止血条件达不到，可以先固定骨折部位，不让受伤部位重复受伤。

4）心肺复苏一定要做。踩踏事故发生后，进行心肺复苏的成功率比较低，但也不能放弃。如果发现有人刚没了呼吸、心跳，可立即通过心肺复苏救治。

人体麦克法

人体麦克法是前几年美国占领华尔街运动所采用的一种在人群中传播信息的简易方法。案例 1 所讲的上海外滩踩踏事故中也有几个年轻人采用这种方法进行自救。可以想象，若没有这几个可敬的年轻人所组织的这种自救，这次踩踏事故所造成的后

生命与安全

果肯定会更严重。人体麦克法就是当你身陷一个人潮汹涌、进退不得的人群中,为了避免发生踩踏事故,最好联合你前后左右的人一起有节奏地呼喊:"后退"("go back")。

1) 迅速与周围的人进行简单沟通——如果你意识到有发生踩踏的危险或已经发生了踩踏,你要迅速与身边的人(前后左右的五六个人即可)做简单沟通:让他们也意识到有发生踩踏的危险,要他们迅速跟你协同行动,采用人体麦克法进行自救。

2) 一起有节奏地呼喊"后退"——你先喊"一、二",然后和周围的人一起有节奏地反复大声呼喊"后退"。

3) 让更外围的人加入呼喊——在核心圈形成一个稳定的呼喊节奏后,呼喊者要示意身边更多的人一起加入呼喊,争取在最短的时间内把呼喊声传递到拥挤人群的最外围。

4) 最外围的人迅速撤离疏散——如果你是身处拥挤人群最外围的人,当你听到人群中传出有节奏的呼喊声("后退")时,你应该意识到这是一个发生踩踏事故的警示信号。此时,你要立即向外撤离,并尽量让你周围的人也向外撤离,同时尽量劝阻其他人进入人群。

5) 绝对不要前冲寻亲——即便你有亲属甚至孩子在人群中,在听到"后退"的呼喊声后,也不要冲向人群进行寻亲或施救。你应该意识到后退疏散是此时最明智的救助亲人的方式。前冲寻亲只会迟滞或妨碍对亲人的有效救助,从而让你的亲人陷入更危险的境地。

 防止人体踩踏事故——人体麦克法

练习展示

1. 某一天下晚自习的时候,同学们从教室蜂拥而出,这时突然停电了,人群中尖叫声、吵嚷声不绝于耳,大家你推我搡。通过本任务的学习,你认为大家应当怎样做才能避免意外事故的发生?

2. 学校附近有一家你和同学们经常光顾的大型超市,最近该超市计划停业装修,所以准备利用周末促销商品,你和几个同学刚好打算周末去购物。你觉得哪个时间段去才能避开人流高峰?

任务二　紧急疏散

第一类　消防疏散

开篇分享

消防疏散歌

熟悉环境记方位,明确路线速撤离。
安全出口不能堵,不堆杂物保通畅。
听从指挥不拥挤,相互照应有序离。
发生意外唤他人,贪恋财物可不行。
自我防护低姿态,湿物捂鼻毒气防。
安全通道顺序撤,不乘电梯最安全。
床单衣物制绳索,低层逃生可靠它。
烟火封道关门窗,湿布塞缝防烟入。
火已烧身切勿跑,就地打滚灭火苗。
通道火大烟又浓,退回房间发信号。
消防云梯很结实,听从指挥顺序下。

案例分析

【案例1】2009年3月11日上午8时20分左右,湖北三峡大学教工住宅楼一名外教居室内发生火灾。经消防人员及时扑救,火势迅速被扑灭。火灾中有一名三十余岁德国籍女教师从楼上跳下,经送医院抢救无效死亡。该教师于2008年8月来三峡大学从事英语教学工作。

【案例2】2008年11月14日早晨6时10分左右,上海商学院徐汇校区一学生宿舍楼发生火灾,火势迅速蔓延导致烟火过大,4名女生在消防队员赶到之前从6楼宿舍阳台跳楼逃生,不幸全部遇难。

【案例3】2008年5月5日,中央民族大学28号楼6层S0601女生宿舍发生火灾,着火后楼内到处弥漫着浓烟,楼层能见度更是不足10米。着火的宿舍楼可容纳学生3000余人。火灾发生时大部分学生都在楼内,所幸消防员及时赶到将学生紧急疏散,才没有造成人员伤亡。

【案例4】2007年1月11日,东北师范大学研究生宿舍2舍一楼发生火灾,浓烟将11层高的整个宿舍笼罩,楼上百余个宿舍的500余名学生被困。在浓烟的威胁下,大部分学生采取用湿毛巾捂住口、鼻及弯腰逃生等方式自救,但仍有个别学生因受不了浓烟的熏呛做出将要跳楼的举动。危急时刻,在消防队员的制止下,这几名学生最终被送至安全地带,消防人员救人与灭火同步进行。大火被扑灭,被困的500余名学生被成功疏散到安全地带。

【案例5】北京航空航天大学蓄电池致实验室起火。2009年1月5日上午11时30分左右,北京航空航天大学的一个实验室起火,消防员和学生合力抢出实验仪器和资料等,火灾未造成人员伤亡。校方称,火灾因蓄电池过热引起。发生火灾的是北航科研南1号楼一层的实验室。一名学生说,当时他正在给实验用的蓄电池充电,充电还未结束,蓄电池忽然冒出了火花。他赶紧切断电源,并和同伴找来灭火器试图将火扑灭,但火势蔓延迅速,二人只能跑出实验室。楼内的数十名师生也跑到楼下,打电话报警。辖区的双榆树消防中队迅速赶到扑救,10多分钟后,火势被控制。从在场的师生口中获知实验室内有大量非常重要的仪器和资料后,消防员用排风机驱散浓烟,在几名学生的指引下,抢出了很多实验仪器、计算机及资料,实验室的过火面积约为 30 米^2。火灾因蓄电池过热引起,由于疏散及时,没有人员伤亡。

安全要领

火灾逃生自救常识 12 条

1)发现火灾,及时报警,牢记火警电话"119"。报火警时的要点有:

①说清着火单位的具体地址。

②说清是什么东西着火和火势的大小,以便消防队调配相应的消防车辆。

③说清报警人的姓名和使用的电话号码。

④注意听清消防队的询问,正确简洁地予以回答,待对方明确说明可以挂断电话时,方可挂断电话。

⑤报警后要到路口等候消防车,指示消防车去火场的道路。

2)当周围发生火灾时,一定要保持镇定,以免在慌乱中做出错误的判断或采取错误的行动,受到不应有的伤害。

3)受到火势威胁时,要当机立断,披上浸湿的衣物、被褥等向安全出口方向冲出去;不要往柜子里或床底下钻,也不要躲藏在角落里;更不要贪恋财物,盲目地往火场里跑。

4)当发生火灾的楼层在自己所处的楼层之上时,应迅速向楼下跑,因为火是向上蔓延的。千万不要盲目跳楼,可利用疏散楼梯、阳台、下水管等逃生自救。

5)燃烧时会散发出大量的烟雾和有毒气体,它们的蔓延速度是人奔跑速度的4~8倍。当烟雾呛人时,要用湿毛巾、浸湿的衣服等捂住口、鼻并屏住呼吸,不要大声呼叫。要尽量使身体贴近地面,靠墙边弯腰或爬行逃离火场。

6)不论是位于起火房间还是位于未着火房间,逃到室外后,要随手关闭通道上的门窗,以减缓烟雾沿人们逃离的通道蔓延。

7)在被烟气窒息失去自救能力时,应努力滚到墙边,便于消防人员寻找、营救,因为,消防人员进入室内都是沿墙壁摸索着行进。此外,滚到墙边也可以防止房屋塌落砸伤自己。

8)当自己所在的地方被大火封闭时,可以暂时退入居室。要关闭所有通向火区的门窗,用浸湿的被褥、衣物等堵塞门窗缝,并泼水降温。同时,要积极向外寻找救援,用打手电筒、挥舞色彩明亮的衣物、呼叫等方式向窗外发送求救信号,以引起救援者的注意,等待救援。

9)一旦被大火困住,要积极采取紧急避难。一些大型综合性多功能建筑物,一般在常用的电梯、楼梯、公共厕所附近及走廊末端设置避难间。发生家庭火灾时,可根据实际情况,如利用阳台等可燃物少、方便同外界接触的空间,自创避难小空间避难。

10)若被困在二层及以下的楼层内,被烟火威胁,时间紧迫且无条件采取任何自救办法时,也可以跳楼逃生。在跳楼前,应先向地面抛一些棉被、床垫等柔软物品,然后用手扒住窗台或阳台,身体下垂,自然下滑,使双脚着落在柔软物上。

11)在商场、宾馆、歌厅等公众场所时要注意观察并记住场所的进出口、太平门、楼道、紧急疏散口的方位及走向;一旦在公共场所遇到火灾,要听从现场工作人员指挥;裹挟在人流中逃生时,可一只手放胸前保护自己,用肩和背承受外部压力,用另一只手拿湿毛巾捂住口、鼻,防止吸入有毒气体。

12)火场不可乘坐普通电梯。因为发生火灾后,往往容易因断电而造成电梯故障,给救援工作增加难度。火场中的烟气涌入电梯通道极易形成烟囱效应,人在电梯里随时会被浓烟和毒气熏呛而窒息。

火灾发生时应采取的"三"原则

火灾一旦发生,"三要""三救""三不"原则一定要牢记。

"三要":一要熟悉自己住所的环境;二要遇事保持沉着冷静;三要警惕烟毒的侵害。

"三救":一选择逃生通道"自救";二结绳下滑"自救";三向外界"求救"。

"三不":一不乘坐普通电梯;二不轻易跳楼;三不贪恋财物。

练习展示

1. 学校举行消防疏散演习,听到警报声,你应该怎么做?

2. 某一天,你正在家里学习,突然听到有人大声呼喊"着火啦",而你家住在 22 层,你把头伸出窗外发现自己住的这幢楼下大概 10 层左右有窗户冒出了浓烟,你家还有父母和奶奶在屋内,你该怎么办呢?

第二类 地震疏散

开篇分享

地震疏散歌

保持镇静勿慌张,切断水电煤气源。
身在高楼勿近窗,坚固家具旁边避。
公共场所要注意,争先恐后最危险。
震后电梯勿搭乘,楼梯上下要小心。
课堂就近避桌下,震后顺序撤空地。
室外行走勿乘车,谨防坠物和线路。
行车勿慌减车速,观察环境稳妥停。
收听广播防余震,自救互救显英雄。
防震意识不可无,平时演练要认真。

案例:抗震奇迹——四川省安县桑枣中学师生无一伤亡

不是没有见过出事的学校,有的学校墙没弄结实倒塌砸到学生,有的学校组织不好,造成学生踩踏事故。他不能让这样的危险降临在自己的学生的身上。于是,他从 2005 年开始,每学期要在全校组织一次紧急疏散的演习。会事先告知学生,本周有演习,但学生们不知道具体是哪一天。等到特定的一天,课间操或学生休息时,学校会突然用高音喇叭喊:全校紧急疏散!

每个班的疏散路线都是固定的,学校早已规划好。两个班疏散时合用一个楼梯,每个班必须排成单行。每个班级疏散到操场上的位置也是固定的,每次各班级都站在自己的地方,不会错。教室里面一般是 9 列 8 行,前 4 行从前门撤离,后 4 行从后门撤离,每列走哪条通道,学生们早已了然于胸。学生们事先还被告知的有:在二层和三层教室里的学生要跑得快些,以免堵塞逃生通道;在四层和五层的学生要跑得慢些,否则会在楼道中造成人流积压。

学校紧急疏散时,他让人计时,不比速度,只讲评各班级存在的问题。刚搞紧急疏散时,学生当是娱乐,除了觉得好玩外,还认为多此一举,有反对意见,但他坚持。后来,学生们和老师们都习惯了,每次疏散都井然有序。

他对老师的站位都有要求。老师不是上完课甩手就走,而是在适当的时候要站在适当的位置。他认为适当的时候是下课后、课间操、午饭和晚饭,以及下晚自习和紧急疏散时,这都是教学楼中人流量最大的时候;他认为适当的位置是各层的楼梯拐弯处。老师被要求站在那里的原因是:拐弯处最容易摔,学生如果在这里摔了,老师毕竟是成人,力气大些,可以一把学生从人流中抓住提起来,不至于让学生们踩到一起。

每周二都是学校规定的安全教育时间,让老师专门讲交通安全和饮食卫生等。他管得严,集体开会时,他不允许学生拖着自己的椅子走,要求大家必须平端椅子——因为拖着的椅子会绊倒人,后面学生看不到前面倒的人,还会往前涌,所有的踩踏都是这样出现的。

2008 年 5 月 12 日那天地震,他不在校。学生们正是按着平时学校要求的、他们也练熟的方式疏散的。地震波一来,老师喊:"所有人趴在桌子下。"学生们立即趴下去。老师们把教室的前后门都打开了,怕地震扭曲了房门。地震波一过,学生们立即冲出了教室,老师站在楼梯上喊:"快一点,慢一点!"老师们说,喊出的话自己事后想想,都觉得矛盾和可笑。但当时的心情,既怕学生跑得太慢,再遇到地震,又怕学生跑得太快,关键的时候摔倒。那天,连怀孕的老师都按照平时的学校要求行事。地震强烈得使挺着大肚子的女老师站不住,抓紧黑板跪在讲台上,但也没有先于学生逃走。唯一不合学校要求的是,几个男生护送着怀孕的老师同时下了楼。

由于平时的多次演习,地震发生后,全校 2200 多名学生和上百名老师,从不同的教学楼和不同的教室中全部冲到操场,以班级为组织站好,用时 1 分 36 秒。学校所在的安县紧临着地震最为惨烈的北川,学校外的房子 100% 受损,90 多位老师的房子都垮塌了,其中70 多位老师的家里砸得什么都没有了。他从绵阳疯了似地冲回来,冲进学校,看到的是这样的情景:8 栋教学楼部分坍塌,全部成为危楼。他的学生,11~15 岁的娃娃们都挨得紧紧地站在操场上,老师们站在最外圈,四周是教学楼。他最为担心的那栋他主持维修了多年的实验教学楼没有塌,那座楼上的教室里,地震时坐着 700 多名学生和他们的老师。

老师们迎着他报告:学生没事,老师们都没事。他后来说,那时,他浑身都软了。55 岁的他哭了。通信恢复后,老师们接到家长的电话,骄傲地告诉家长:"我们学校,学生无一伤亡,老师无一伤亡。"说话时眼中噙着泪。那时,在地震时分布四处的学生家长的伤亡数尚在统计中,学校墙外的镇子上,也是房倒屋塌,求救声一片。但是一个镇里的农村初中,却在地震之后,把孩子们带到了家长面前,告诉家长,娃娃连汗毛也没有伤到一根。

他叫叶志平,是安县桑枣中学的校长,四川省优秀校长。分析叶校长的地震疏散演习与教育,我们知道,如果没有发生汶川 5.12 地震,这所学校的做法再平淡不过,也不会为我们所知晓。但大地震发生了。许多学校师生伤亡惨重,但这所学校由于平时的多次演习,2200多名学生和上百名老师,从不同的教学楼和不同的教室全部冲到了操场上,并以班级为组织站好,用时 1 分 36 秒,逃生模式结果竟与演习无二——学生无一伤亡,老师无一伤亡。在庆幸和感动之余,我们发现了这所学校的不平凡之处:每个学生的安全意识都很强,平日的训练没有一位同学不认真对待。

安全疏散演习对同学们来说不算新奇,但往往有的同学认为危险距离自己还很远,于是在演习中敷衍了事。桑枣中学之所以发生奇迹,是因为同学们都能按照叶校长的要求,每次演习都按照预先制订的方案进行。演练从实战出发,每个班的疏散路线事先固定好,前 4 行走前门,后 4 行走后门;哪几个班合用哪个楼梯、不同楼层学生的撤离速度、撤离时老师的站位、到操场上的站立位置等,都事先做好安排,力求快而不乱,井然有序;地震来时,师生先在桌子下避险,并抢先把门打开,防止门变形而打不开——细节能决定生死。灾难的发生是突然的,往往几秒钟、十几秒钟就产生生与死的不同结果。

安全要领

近年来,全球各地地震事件频发,虽然震级不是很高,但是作为某些人口较为密集的场所,尤其是主要时间生活在学校的同学们,都应该掌握一些疏散逃生的技巧,以便将人员伤亡降至最低。

一、保持镇定

如果遇到 5 级以上强震,从发生地震到房屋倒塌,一般只有十几秒的时间,而且强震来袭时人往往站立不稳,我们必须在瞬间冷静的情况下做出正确的选择。

平时同学们要注重训练自身的心理素质,遇到紧急情况千万不要大喊大叫,人有一种从众心理,只要有一个人感到恐慌,并毫不避讳地将这种恐惧气氛散播出来,就很容易煽动群体性的恐惧心理。如果大家都乱了阵脚,极有可能会发生踩踏事件。

二、迅速避震

发生地震时如果在平房里,可以迅速跑到门外,也可钻到床下、桌下,同时用被褥、枕头、脸盆等护住头部,等地震间隙再尽快离开房屋。如果已经离开房屋,万万不能地震一停立即回去取东西。因为第一次地震后，一般紧接着会发生余震，余震对人的威胁更大。

发生地震时如果在楼房内，千万不要跳楼，不要去阳台或窗户下，不要往外跑，应及时躲到两个承重墙之间最小且不易倒塌的房间，如卫生间、厨房、储物间等，也可以到房间内侧墙角的桌、柜等坚固家具旁，并且注意保护好头部。不要使用电梯。

发生地震时如果在教室里，不能在教室内乱跑或争抢外出，靠近门的同学可以迅速跑到门外，中间及后排的同学要尽快用书包护头躲在课桌旁，靠墙的同学要紧靠墙根，用书包或双手护住头部，地震过后或地震间隙，由老师指挥有秩序地撤出教室。

三、不要"走捷径"

地震发生时，有人会慌不择路，直接从楼上往下跳。其实震级本来并不高，如果躲在桌子下还是十分安全的，结果这一跳倒成了残疾甚至丧命。地震发生时也不要站在窗边，防止建筑物剧烈摇晃时把人甩出窗外。

四、把握逃生时机

建筑物如果正处在晃动状态，千万不能离开安全的遮蔽物急于跑出去。这个时候最容易有物品从高空坠落，一不小心就会砸伤人。要等到震动停止的时候再迅速逃离。

五、逃生有秩序

相信大家都听说过这样一个故事，几个小锤子都在一个窄口瓶里想要被拿出来，如果所有的锤子都争着要第一个出来，那么结果就是谁也出不来，只有按照一定的先后顺序，才能保证所有的锤子都取出来。地震逃生也是一样，路口和楼梯的宽窄度是固定的，大家一窝蜂涌上去，肯定会堵住出口，僵持下去就是在浪费宝贵的逃生机会。所以，有序撤离相当重要。同时，记得用书包等物罩在头上，也可以双手抱头，以缓冲高空落物的冲击力。

六、选择逃生场地

当同学们从教学楼、宿舍楼撤离出来以后，应前往尽量空旷的场地，如操场，不要站在高大建筑物或电线杆等附近，防止余震时发生砸伤事件。在空地上时，在警报解除之前，也应该保持蹲下、双手抱头的姿势。

七、震后的自救和互救

在地震中被埋压后要有坚强的求生意志，应设法先将手脚挣脱出来，清除压在身上的物体，自我脱险；如果不能开辟逃生通道，则不应轻举妄动，要等待救援，同时要保存体力。

首先，不要大喊大叫。因为被压在废墟里的人听外面人的声音比较清楚，而外面的人对里面发出的声音却不容易听到，当你听不到外面有人时，任凭怎样呼喊都无济于事，无效的呼喊会消耗体力，增加死亡率。听到人声后，可用石块敲击铁管、墙壁，发出求救信号。

其次，设法找到食品、水或代用品。

最后，保护自己不受新的伤害。

震后互救原则为：先救多，后救少；先救近，后救远；先救易，后救难。及早地展开互救，能最大限度地减少伤亡。发现遇险者一定要注意：挖掘时要注意保护被埋者周围的支撑物。如一时无法救出，可以先输送流质食物，并做好标记，等待下一步救援。发现被困者后，首先应帮他漏出头部，迅速清除口腔和鼻腔里的灰土，以避免窒息，然后再挖掘暴露其胸腹部，如果遇险者因伤不能自行出来,决不可强拉硬拖。

黄金72小时

受客观环境影响,强烈地震发生后被埋废墟里人的存活率随时间的消逝呈递减趋势。地震的黄金救援时间是地震发生后的72小时内,这个时间段里人们的存活率最高。地震发生后的72小时里,在第一天(即24小时内),被救出的人员存活率在90%左右;第二天,存活率为50%~60%;第三天,存活率为20%~30%。因此,地震发生后,救人应当争分夺秒。超过72小时后,只有5%~10%的生还概率。

 外伤包扎处理

练习展示

1. 你的舍友小张看过地震灾害的视频后变得惶惶不安,并且每天背着一个大书包,里面放满了矿泉水、面包和急救药品等,晚上也睡不好觉。有同学问他为什么这样,他说为了预防地震发生。你怎么看待这件事?

2. 学习本任务后,你开始关注防震和避震的知识,但有同学劝你说:"别看这些没用的了,大震躲不了,小震死不了。"你怎么看?

任务三　防高空坠物砸伤

开篇分享

防高空坠物歌

小小鸡蛋没多重,高楼扔下变炸弹。

垃圾烟头啤酒瓶,样样危害都不小。

高空抛物不文明,砸伤他人要赔偿。

追究责任跑不掉,伤人严重要入刑。

害人害己坏风气,改掉陋习现在起。

花盆衣物往里放,风吹物坠也要防。

住在高楼谨注意,文明公德我竖立。

案例分析

【案例1】2015年9月4日是新生小荣到济南某学校报到的日子。本想在新的学校开启一段美好的生活,可就在9月4日报到当天,小荣却遭遇飞来横祸:在经过学校大礼堂时被高空坠落的一块铁板砸中。随后小荣马上被送到了医院,但终因伤势过重失去了宝贵的生命,而他还未享受一天大学的生活。

【案例2】2014年10月11日,半块从天而降的砖头,砸在东莞虎门某小区业主贺某的头上,致使这位33岁的女业主当场昏迷不醒,经医院抢救无效死亡。"肇事"的半块砖头是该小区C座陈某10岁的孙子从8层楼顶平台上抛下的。涉事小孩的家人带着孩子前往虎门派出所自首,不管案件如何宣判,一个年轻的生命已经无法挽回,原本幸福的家庭也因此破碎。而涉事的孩子,此生也注定蒙上了巨大的阴影。悲剧,为两家人带来终生的遗憾。

【案例3】2016年11月11日上午11时,四川某不满周岁的婴儿躺在婴儿车中被大人推着经过一栋居民楼楼下时,被一颗从天而降的健身铁球砸中,当晚抢救无效死亡。遂宁市公安局船山分局民警称在取到指纹的住户里,找不到和铁球指纹吻合的主人。他表示,若一直没找到的话,没有不在场证据的所有住户都将作为责任起诉对象,共同承担民事赔偿责任。

【案例4】天降"玻璃雨",成都小伙被砸"破相"

2015年4月11日上午10时30分左右,杨先生走在自家小区外的超市门口时,突然从楼上砸下了多块玻璃,杨先生猝不及防,被飞溅的玻璃碎片划中左眼下方,顿时脸上被割出好几道伤口,血流满面。

"当时我只听到旁边超市的顶棚上'砰'的一声响,接着就感觉到很多碎片向我砸下来,我本能地把眼睛一闭,脸上就感到一阵剧痛。"杨先生说,应该是楼上掉下的一块玻璃,先砸到超市顶棚上,玻璃碎片又溅到了他的脸上。这幢居民楼一共有18层,杨先生认为,应该是从楼上某户抛掷下来的玻璃制品。杨先生的遭遇也引起了不少周边的小区住户的义愤,居民刘女士说,之前小区也发生过楼上扔饮料瓶砸中楼下停放的私家车,没想到这次更是伤到了人。目前,警方已经介入调查,杨先生表示,如果找不到肇事者,他会考虑按照《中华人民共和国侵权责任法》(以下简称《侵权责任法》)的规定,起诉整栋楼上的所有住户。

高空抛物现象曾被称为"悬在城市上空的痛"。高空抛物是一种不文明的行为,而且会带来很大的社会危害。上述案例经媒体报道后引起社会广泛关注。人们在为受害者惋惜的同时,有关城市高空抛物威胁人们"头顶安全"的社会问题再次引起人们的热议。

实验数据表明:一个30克的鸡蛋从4层抛下来就会将人砸起肿包;从8层抛下来就可以让人头皮破损;从18层抛下来就可以砸破人的头骨;从25层抛下可使人当场死亡。因为物体在较高的楼层时具备很高的势能,物体在下落过程中会将势能转化为动能,所以即使是一枚小小的鸡蛋也可以变身为一枚杀人的"子弹"。

高空抛物的法律责任

《侵权责任法》规定,从建筑物中抛掷物品或从建筑物上坠落的物品造成他人损害,难以确定具体侵权人的,除能够证明自己不是侵权人的外,由可能加害的建筑物使用人给予补偿。换一句话说,如果能找到责任人,由责任人承担赔偿责任;如果不能找到责任人,则由同一幢楼里的业主承担"连坐"责任。"高空抛物"还必须承担相应的刑事责任。

1. 刑事责任

如果高空抛物造成人身伤亡,这种结果往往是由于高空抛物者应当预见但没有预见,或者能够预见但过于自信造成的。肇事者将被以过失致人重伤罪或过失致人死亡罪追究刑事责任。

2. 民事责任

1)一般情况下,高空抛物者是指加害人为一人,并且已确定的情况下,加害人或其法定代理人(在加害人无行为能力或限制行为能力人的情况下)个人承担侵权赔偿责任。

2)《中华人民共和国民法通则》第一百二十六条规定:建筑物或其他设施及建筑物上的搁置物、悬挂物发生倒塌、脱落、坠落造成他人损害的,它的所有人或管理人应当承担民事责任,但能够证明自己没有过错的除外。即在找不到直接加害人的情况下,楼上的住户又提供不出自己无过错的证据,责任将由楼上住户集体承担。

3)共同侵权情况下,即加害人为两人或两人以上的情况,加害人除应承担一般高空抛(坠)物致人损害的侵权责任外,还应承担共同侵权所负的连带责任。

综上所述,随意高空抛物,损人不利己,最终难辞其咎。

安全要领

一、防范高空砸伤

1. 经过高楼的时候集中精力快步走

经过高楼的时候,不要低头玩手机或跟朋友聊天,最好先抬头看看,然后快速通过。

2. 善于观察,形成意识

当同学们要经过一栋高楼前,可以先看看一楼的雨棚,如果雨棚上面有很多垃圾,说明楼上居民的素质不高,随时可能高空抛物,那还是绕道走吧。走在公共场所,要养成时刻警惕的安全意识。

3. 恶劣天气的防范

有些居住在高层的人会把花盆、晾衣竿放置在窗台甚至是固定在室外墙上,当有大风等恶劣天气时,这些物品很可能被大风吹落砸伤行人。所以,在恶劣天气里行走,我们除了要防风雨,更要注意来自高空的意外。

二、检查宿舍门窗

此外,在学校的日常生活和学习中还应该注意经常检查宿舍或教室的门窗及玻璃,做到以下几个方面:

1)刮风时务必要将教室或宿舍的门窗关好,否则可能会出现门窗损坏从高空坠落,万一砸伤他人,后果将不堪设想。同时,要注意观察是否有松动、损坏等现象,及时报修。

2)不要在阳台上或窗户处悬挂或放置较重的物品。不要在阳台内堆放易燃、易爆或易被风刮起的物品,也不要在阳台边缘放置花盆等易坠物品;在阳台上打扫卫生或给花草浇水时,注意不要将水溅到楼下;不要随意将垃圾等物扔出窗外。

3)不要从教室、宿舍等处窗户向外投掷物品。有些同学在考完试、放假前,特别是毕业之前,为了释放压力,表达一种"终于解放了"的情感而将书籍、生活用品等从教室或宿舍的窗户直接扔到楼下,这是相当危险的行为,必须杜绝这种行为的发生。

城市上空的痛——预防高空坠物

练习展示

1. 你的好友小王的宿舍距离公共垃圾桶较远,他经常把打扫完卫生产生的垃圾顺着窗户倒下去。你制止这种行为时,小王说,反正是二楼,打扫的又都是些碎纸片、饮料瓶,又砸不伤人。你怎么劝小王改掉这个习惯?

2. 你有什么好办法能治愈高空抛物这个"城市上空的痛"吗? 整理一下思路,把它向其他同学讲出来。

任务四　运动安全

开篇分享

体育活动安全歌

生命活力在运动,运动之前先热身。
参加运动守纪律,文明运动听指挥。
比赛技术和风格,不比斗气与违规。
运动之中重防护,沙子垫子紧保护。
运动虽好忌过量,切莫赌气和逞强。
铁饼标枪和铅球,谨慎投掷防砸伤。
身患疾病要报告,停止运动很必要。
游泳要到游泳池,江河湍急隐患多。

案例分析

身体好是劳动者素质的重要内涵,是同学们职业生涯成功的重要条件。积极锻炼身体、增强体质,是在校学生提高就业竞争能力、实现职业生涯发展目标的重要途径。然而,学生在体育运动中,因活动保护不当、运动过量等造成的事故时有发生,轻则挫伤、擦伤、关节损伤、肌肉抽筋、拉伤,重则造成骨折、呼吸紊乱、严重休克甚至丧失生命。伤害事故一般发生在球类活动、体操、田径运动等运动项目中。

【案例1】跳起接球跌伤引起的事故

这是在南京市某中学发生的一起事故。下午课外活动时,高一学生在操场踢足球,学生王某踢得高兴,接一高球时,跳了起来,一不小心却跌倒了,后脑勺着地。同学把他扶起来,未见有明显外伤,王某也没在意,休息一会儿又接着踢球直至下课。放学时,王某感到头晕,就打车回家了。到家后更感到头晕,便叫表哥给他吃一点药,又怕父母责备,特别嘱咐表哥不要告诉其父母。第二天,他仍到校上课,也没和同学说起头晕的事情,下午有体育课,他又和同学一起踢球,踢着踢着,晕得更厉害了。此时,老师才知道王某前一天摔倒的事情,将他送至附近医院,后又转至脑科医院,发现王某脑中积血很多,一面抢救,一面通知家长,但最后王某不幸死于脑积血并发症。

【案例2】飞来横祸

在一节体育课中,学生被分成两拨,一边是铅球测验课,一边进行排球训练。练习中,排球突然飞向铅球区,一位学生赶过去捡球,不料被掷出的铅球砸中头部,造成重伤。

【案例3】初二男生3000米赛跑猝死

2015年5月15日,兴平市某校学生贠某在田径运动会男子组3000米决赛过程,突然栽倒在跑道上,现场医护人员立即采取紧急措施进行抢救。同时,第一时间将贠某送往兴平市人民医院进行急救。最终因抢救无效死亡,后经法医鉴定为心源性猝死。

【案例 4】17 岁小伙打篮球猝死

2015 年 5 月 13 日,四川 17 岁学生阿明打篮球时感到身体不适,在一旁休息时突然瘫倒在地。阿明被 120 急救车送到医院时,呼吸与心跳已经停止,医院认为高温下剧烈运动或是诱因。医院急诊中心主任说,晕倒的学生被送到医院时,已没有心跳与呼吸,他们全力抢救了 2 个小时,依然没有挽回该学生年轻的生命。经法医到场鉴定,死者体表无外伤,属于猝死。

【案例 5】长跑晕倒昏迷,心肺复苏获救

17 岁的小唐于 2014 年 9 月刚成为某校的一年级新生。10 月 16 日,正在参加学校运动会 800 米比赛的小唐突然跌倒在跑道上,冲过去的体育老师发现她没了呼吸和心跳,马上对小唐进行心肺复苏,同时指挥同学拨打急救电话。医院接诊的陈医师介绍,小唐的心脏是在停跳 20 分钟后才复跳的,一般心脏停搏 5 分钟就会导致大脑缺氧,因此,医务人员最担心的就是小唐苏醒后会出现明显的大脑损伤。的确,刚苏醒时的小唐能正常回答数学题的加减,而对乘除题目则反应慢了许多。经过 24 小时的治疗,小唐基本恢复正常,只是她的记忆只停留在刚开学时的军训。

【案例 6】马拉松赛上的悲剧

2012 年 11 月 18 日是首届广州马拉松开赛的日子,赛事过程中发生了不幸的一幕,一名 21 岁的男选手在冲过 10 公里马拉松赛终点后倒地晕厥,被紧急送往医院抢救,19 日上午该选手因抢救无效死亡。赛事组委会在随后的新闻发布会上透露,18 日共有两名选手在比赛中昏厥,另外一名昏厥的选手来自 5 公里竞赛的赛场,组委会方面正组织广州地区最高水平的心脏科和急救专家进行抢救,其中一名患者病情危重。据广州马拉松组委会统计,首届马拉松赛共有 1517 人次出现了头晕、不适、抽筋等现象,组委会现场共安排了 20 辆救护车、250 多名医护人员、380 名医疗志愿者、17 个医疗点提供医疗保障。据悉,大型马拉松赛事出现意外不是个案,2012 年 2 月举行的第 16 届香港国际马拉松赛上,一名选手在冲过终点后晕倒,最终送到医院后不治死亡。

【案例 7】陕西 12 岁女生运动会上参加 200 米比赛猝死

2013 年 5 月 9 日,六年级女生李某在学校运动会上参加 200 米比赛项目时,不幸摔倒并当场昏迷。事发后,虽然校方紧急拨打 120 送院急救,但当晚 7 时许该女生抢救无效死亡。学校老师称,发现孩子昏迷后,由于其学过急救,加之现场刚好有一位医院工作的学生家长,两人立即将孩子平放在地上,并进行人工呼吸,随后 120 赶到后立即将孩子送到附近的 145 医院救治,但到晚上 7 时 20 分,孩子最终还是抢救无效死亡。

综合以上案例,我们不难发现体育运动伤害发生的因素主要有:

1. 活动保护不足

在体育运动中由于急躁、恐惧、害羞、麻痹、缺乏经验或不自量力,容易导致伤害事故。对运动伤害预防的重要性认识不足,未能积极有效地采取预防措施,或者运动保护不足,易导致运动伤害的发生。

2. 准备活动不足

不做准备活动就进行激烈的体育运动,极易造成肌肉损伤、肌腱扭伤及韧带拉伤等运动伤害;准备活动敷衍了事,在运动系统和神经系统的功能尚未达到适宜水平就进行运动,易对器官功能造成伤害;准备活动内容不得当或准备活动过量,致使准备活动无效或身体功能有所下降。

3. 超负荷运动

一个平时只能跑三五千米的人，一口气跑几十千米，就属于超负荷运动了。这时他的心脏循环系统会不堪重负，需要的血液量和氧气量会突然增加，而供给量却相对减少，在这种血、氧供不应求的状态下，跑步者的心脏会出现急性缺血，继而出现心脏骤停和脑血流中断，后果不堪设想。

4. 运动性猝死

大学生猝死这种恶性个案往往发生在篮球、足球、马拉松等高强度比赛中，尤其易发生在那些平时缺乏长时期规范专业体育训练并贸然参加比赛的人当中。年轻人的身体机能相对较好，即便有潜在的心脏结构和功能性异常疾病，平时更容易被隐蔽，无典型症状，患者和其亲友并不知情，在受到持续强刺激情况下发生猝死。另外，年轻人相对心智没有那么成熟，在运动过程中对自己的状态没有良好把握和主动调整，可能会因为受到鼓励而过于激动、争强好胜，运动超过自身极限；另外，如果运动中没有注意经常性的补水、保温，没有注意适当休息而让体能得不到恢复的话，很容易造成体温升高到人体不能承受而发生猝死。猝死往往是多方面因素叠加造成的。

5. 气候不宜

过高的气温和潮湿的天气会导致人体大量出汗失水；在寒冷的冬季易发生冻伤或其他伤害事故。

6. 体质和素质不佳

身体素质差、体质弱，体育基础差，一时不能适应体育运动的需要，容易发生伤害事故。

7. 行为不规范

违反体育运动规律、纪律、规则和要求，也是造成身体伤害事故的原因。案例2就属于典型的违反了课堂纪律和运动场管理规则的事件。

安全要领

一、体育课的安全要领

上体育课时，一定要认真领会老师讲解的技术要领、保护方法和预防意外事故的注意事项；要认真做好准备和整理活动，避免肌肉、韧带拉伤；要穿宽松服装和运动鞋，不佩戴金属徽章、别针、钥匙和其他尖利、硬质的物体，不穿高跟鞋、皮鞋，头上不带各种发卡；戴眼镜的同学做动作要小心；要严格遵守纪律，不打闹，不超出运动场地，不攀爬篮球架等体育设施。

女生在月经期间应向老师说明，不参加剧烈运动，切忌从事短跑、拔河、跳高、跳远、腾跃、劈腿等练习，避免造成身体伤害。在条件允许的情况下，可以做一些轻微的体育运动，如体操、托排球、打乒乓球和跳舞等。患有心脏病等疾病的同学，不宜做剧烈运动。

二、运动前准备好

1. 检查自己的身体情况

参加体育活动，首先要了解自己的身体状况，要学会自我监督，随时注意身体功能状况变化，若有不良症状则要及时向老师反映情况，采取必要的保健措施。切忌有心脏病或其他不适合参与体育活动的疾病而隐瞒病情，勉强参加活动。

如有以下疾病或症状，禁止参加体育活动：

1）体温增高的急性疾病。

2）各种内脏疾病（心脏、肺脏、肝脏、肾脏和胃肠疾病）的急性阶段。

3）凡是有出血倾向的疾病，如肺及支气管咯血、鼻出血、伤后不久而有出血危险及消化道出血后不久等。

4）恶性肿瘤。

5）传染病，如乙肝等。

6）心脏病、高血压等禁止长跑或剧烈运动的疾病。

2. 检查场地和器材

要认真检查运动场地和运动器材，消除安全隐患。要注意场地中的不安全因素，如场地是否平整，是否有积水；检查沙坑的松散度，以及是否有石子等杂物；检查体育设施是否牢固安全可靠，以及器材的完好度等。

3. 做好运动准备

要穿运动服装、运动鞋，不要佩戴各种装饰物，不要携带尖利物品等。如果不做准备活动突然进行剧烈运动，就会出现心慌、胸闷、肢体无力、呼吸困难和动作失调等现象。做好热身准备活动，就是要克服内脏器官在生理上的惰性，以降低运动伤害发生的机会。

运动前不重视做准备活动或准备活动做得不充分、不正确、不科学，是引起运动损伤的重要原因；准备活动不充分，肌肉、内脏、神经系统机能不兴奋，肌肉供血量不足，在这样的身体状态下进行活动，动作僵硬、不协调，极易造成运动损伤，甚至导致伤害事故。

三、运动时讲科学

1. 掌握动作要领

在体育运动中，了解和掌握动作要领及方法，不仅能够在运动过程中发挥好技术动作，达到体育锻炼的目的，而且还能消除心理上的恐惧，增强自信心，避免不必要的伤害。

2. 正确使用器材

要了解并熟悉掌握器材的性能、功能及使用方法。要严格遵守相关操作规程，在一些体育器械（如铅球、实心球等）的使用中，要注意选择适当的场地，确保自身安全，同时还要注意不伤及他人安全。

3. 运动负荷适当

参加体育活动要根据身体素质条件，选择最有利于增强体质的运动负荷，可循序渐进，由易到难，从小到大。负荷过小，对锻炼身体起不到作用；负荷过大，会损害身体；只有适宜的运动负荷，才能有效地增强体质，提高健康水平。

四、运动后要恢复

1. 认真做恢复整理活动

做恢复整理活动的目的就是使人体更好地从紧张运动状态过渡到安静状态，使心脏逐渐恢复平静，放松身心。如果突然停止运动，就会造成暂时性的贫血，产生心慌、晕倒等一系列不良现象，对身心健康造成损害。这也是我们参加完运动会长跑项目不能立即坐下休息而要走一走的原因。

2. 自我检查运动反应

如果感到十分疲劳、四肢酸沉，出现恶心和头晕，说明运动负荷过大，需要好好调整与休息。运动后经过合理的休息感到全身舒服、精神愉快、体力充沛、食欲增加、睡眠良好,说明运动负荷安排比较合理。

参加运动会的安全

运动会的竞赛项目多、持续时间长、运动强度大、参加人数多,安全问题十分重要。主要应注意以下几个方面:

第一,遵守赛场纪律,服从调度安排

第二,没有比赛项目的同学不要在赛场中穿行、玩耍,要在指定的地点观看比赛,以免被投掷的铅球、标枪等击伤,也避免与参加比赛的同学相撞。

第三,临赛前不可吃得过饱或过多饮水,临赛前半小时内可以吃些巧克力,增加热量;在临赛等待时间里,注意身体保暖;比赛前做好准备活动,使身体适应比赛。

第四,比赛结束后,不要立刻停下来休息,要坚持做好放松活动,如慢跑等,使心脏逐渐恢复平静;不要马上大量饮水、吃冷饮,也不要立即洗冷水澡。

练习展示

1. 运动会上,生活委员为刚结束长跑比赛的同学准备了冰镇饮料,这样做有什么不妥吗?

2. ××市马拉松比赛将于一周后举行,班里的同学为是否参加争执不休,有的男同学认为大家都是"壮小伙",跑个几十千米没问题,女同学则可以参加长度为 5 千米的迷你马拉松;也有的同学觉得参加学校的运动会跑个 3000 米还行,跑全程马拉松太累。你认为如果同学们参加比赛应该注意些什么?

任务五　饮食安全与预防传染病

第一类　饮食安全

开篇分享

饮食安全歌

饭前记得要洗手,病从口入早知道。
一日三餐有规律,垃圾食品不能购。
油炸食品方便面,不能把它当饭吃。
冷饮不能当水喝,辛辣食品很上火。
多吃水果和蔬菜,腐烂食品及时扔。
面食米饭当主食,少吃零食和地摊。
食品安全记心间,我的健康我做主。

案例分析

【案例1】安徽一所小学14名学生食物中毒

2011年5月12日,安徽省宣城市泾县人民医院一下子来了61位小学生,这些小学生集体食物中毒了。经过医院确诊,其中只有14名学生是食物中毒,其他47名有相似症状的学生是出于心理作用或其他原因。有关部门已经查明这是一起群体性食物中毒事件。

【案例2】罗城"毒白糕"事件

2011年4月15日,广西罗城某小学发生一起食物中毒事件,26名小学生在食用了路边摊的食物后,发生头晕、呕吐现象,被紧急送往医院治疗。

据了解,4月15日上午9时许,该小学26名不同年级、班级的学生在上课期间都出现了头晕、呕吐现象。该校领导得知这一情况后,立即向上级主管部门汇报,并紧急将他们送往县人民医院抢救。警方调查发现,26名学生上午上学前,曾在校门口一名80岁老太摆的路边摊上购买过当地的一种食物"白糕"。警方排除了人为投毒的可能,初步认定,是因为这些"白糕"的卫生状况不佳而导致学生出现的中毒症状。

【案例3】无锡桶装"毒"水使百名学生中毒

2011年4月13日,无锡市惠山区洛社两所中学有部分学生出现疑似食物中毒的症状,当地医院已接诊了近百名这两所中学的学生。校方回应称可能是桶装饮用水或食物出了问题。经过无锡市区两级疾控机构和医院的检查后发现,学生出现的症状大体为恶心、呕吐、腹泻,也有少量学生发热,初步检测大多与胃肠道疾病症状类似。

【案例4】安徽亳州18名学生集体中毒

2011年3月8日晚,安徽亳州某学校发生学生校外就餐食物中毒事件,经及时抢救,出现中毒症状的18名学生中已有16人治愈出院,留院的2名学生病情稳定。3月8日晚上7

时许,该校一学生出现呕吐症状,学校立即拨打120急救电话将其送至市人民医院进行诊治。随后又有17名学生陆续出现类似症状,均被送往医院诊治,初步诊断为亚硝酸盐中毒。调查显示,这些学生均在学校对面一家餐馆就餐后出现不适症状,当晚,该餐馆已被查封,经营者接受相关部门调查。

【案例5】过量饮酒导致的悲剧

出生于1997年的少年冯某,因为成绩优异,15岁就考上河南焦作某高校。就在家人为孩子的争气而欣喜时,却从学校传来不幸的消息。冯某在入学后第一天,和同学聚会喝酒失去意识,经抢救无效死亡。

2015年5月6日,山东烟台一名17岁男生校内饮酒窒息死亡;2015年3月,兰州一名16岁男生因饮酒过度在宿舍身亡。

2014年3月,洪山区某高校大四学生小张等人一同参加同学小刘的生日聚会,11人总共喝了4瓶白酒、1箱啤酒,其中小张一人就喝了1斤多白酒和2瓶啤酒。宴席结束后,小张呕吐不止,同学将其送至酒店休息。第二天凌晨2时左右,室友发现小张已没有鼾声,连忙拨打120急救。经过半个多小时的抢救,医生最终确认小张死亡。

前四个案例均为校园饮食中毒案件,此类事件多因食物质量问题、餐饮设施卫生问题及食用过期变质食品引起。案例5介绍了几起校园饮酒致死事件,近年来,校园也成了酒后事故的多发地,同学们还处在未成年与成年的临界点,在饮酒问题上似乎还需要更多的理性引导。酒精中毒俗称醉酒,一次饮用大量的酒类饮料会对中枢神经系统产生先兴奋后抑制的作用,重度中毒可使呼吸、心跳抑制而导致死亡。

食品守护神"QS"——安全食品鉴别

青少年喝酒的危害

长期大量喝酒可引起血压升高、消化不良、胃肠道慢性炎症、酒精性心肌病,甚至导致消化系统癌症;经常饮酒者,酒精日积月累,也可能导致脂肪性肝硬化,损害神经系统,引起大脑功能失调、神经衰弱、智力减退、思维涣散、记忆力下降等,影响学生的学习、健康和生长发育。还有的青少年酒后闹事,扰乱社会和学校秩序,发生意外伤害,造成恶劣影响。

酒精是酒的主要成分之一,酒精危害机体的主要原因。酒精对中枢神经系统有麻痹作用,降低大脑皮层的思维能力和动作协调能力,至于饮酒以后兴奋性增高只是一种假象,实际上是大脑皮层的抵制能力降低,因而表现出兴奋状态,降低了自控能力。严重酒精中毒者,中枢神经系统发生深度抑制而引起昏迷,甚至死亡。

大量调查表明,青少年中患乙肝、甲肝的人数大量增加,这充分表明青少年的肝脏在青春发育期间是脆弱的,外界的病毒极易使他们的肝脏受到感染。酒中的乙醇有麻醉神经的作用,经常喝酒的青少年学习成绩会急剧下降,思维不敏捷,反应迟钝;甚至有些青少年还喝得大醉,借酒闹事,打架斗殴,扰乱社会秩序等。

如何分辨伪劣食品?

伪劣食品已经成为食品安全中的重要问题,我们日常生活恐怕没少遇见过伪劣的食品。消费者对于伪劣食品都恨之入骨,有什么办法来辨认一件食品是否是伪劣食品呢?防范伪劣食品的关键可以总结为六个字:防"艳、白、长、散、低、小"。

一防"艳"。对颜色过分鲜艳的食品要警惕,有的苹果又大又红又亮、咸菜梗亮黄诱人、瓶装的蕨菜鲜绿不褪色等,这样的食品很可能是添加剂、色素已经超标很多倍了。

二防"白"。凡是食品呈不正常不自然的白色,十有八九会有漂白剂、增白剂、面粉处理剂等化学品。

三防"长"。尽量少吃保质期过长的食品,保质期越长,一般防腐剂的含量也会相应增多。

四防"小"。要提防小作坊式加工企业的产品,这类企业的食品平均抽样合格率最低,触目惊心的食品安全事件往往在这些企业出现。

五防"低"。"低"是指在价格上明显低于一般价格水平的食品,价格太低的食品大多有"猫腻"。

六防"散"。散就是散装食品,有些集贸市场销售的散装豆制品、散装熟食、酱菜等可能来自地下加工厂。

安全要领

一、预防食物中毒

养成个人饮食卫生的良好习惯。饭前、便后要认真洗手,减少"病从口入"的可能性。保持个人餐具卫生,最好有自己的专用餐具,饭后将餐具洗干净并存放在一个干净的地方。

校外就餐时,不在无证经营、卫生条件差的饮食摊点上用餐。就餐时饭菜有异味,要马上停止食用。自己加工食物,豆类和蔬菜要煮熟,要注意分开生熟食品,切过生食的刀和案板一定不能再切熟食,摸过生肉的手一定要洗净再去拿熟肉,避免生熟食品交叉污染。不随便吃野菜、野果,因为其中有的含有对人体有害的毒素,缺乏经验的人很难辨别清楚。

少吃零食。不购买街头小摊贩出售的劣质食品、饮料,不够买无品名、无厂家、无生产日期的产品,不吃过期、变质的食品。此外,要把食品储藏于密闭容器中,避免苍蝇、蟑螂等把致病的微生物带到食物上。

二、食物中毒后的应急措施

食物中毒后要正确自救。患者可以马上用手指或筷子帮助催吐,并及时向120急救中心呼救,去医院进行洗胃、导泻、灌肠。越早去医院越有利于抢救,如果超过2小时,毒物被吸收到血液里就比较危险了。注意保存导致中毒的食物,以提供给食品安全检验机构化验,如果身边没有食物样本,也可保留一些患者的呕吐物和排泄物,确定中毒物质对治疗来说是非常重要的。

1)鉴别食物中毒的症状。食物中毒发病往往很快,病人有头痛、发热、胃肠饱闷、恶心、呕吐、腹痛等症状,严重的还会肌肉麻痹、抽筋、昏迷、说胡话。

2)腹痛时可用热水袋敷,把腹部盖暖;吐或泻时要暂时停食,待病情好转再吃一些流质食物。轻微反应时,可喝绿豆汤或牛奶,有降低疼痛和解毒的作用。

3)如果病情来势汹汹,要立刻送医院治疗;让病人卧床休息,并劝喝大量开水,这样病人可能呕吐,重复数次可达到洗胃的目的。

练习展示

1. 假如你外出游玩时遇到推销冰激凌的小贩,他的冰激凌又大又便宜,才 1 元钱 1 个。如果你想购买,应该注意些什么?

2. 上学期间应养成怎样的饮食习惯,才能避免饮食不安全的事件出现?

第二类　预防传染病

开篇分享

传染病影响众多人的健康,有的传染病暴发性强,病死率高,在人群中容易突然大面积的流行,对人的生命安全有很大的威胁。人会生病,但许多病不传染,如白内障、骨折、冠心病、糖尿病、骨质疏松等,然而能互相传染的病也不少,如常见的感冒,不常见的甲肝、流脑,死亡率高的霍乱、鼠疫、狂犬病及禽流感等。传染病是可以预防的,通过控制传染源、切断传染途径、增强人的抵抗力等措施,可以有效地预防传染病的发生和流行。

预防疾病歌

疾病预防有办法,讲究卫生不能少。
手脸勤洗衣常换,随地吐痰坏习惯。
衣着整洁常洗澡,按时体检打疫苗。
饭前便后要洗手,病从口入要记牢。
垃圾废品不乱扔,环境整洁无污染。
室内卫生要搞好,多擦拭来勤打扫。
按时作息多锻炼,预防疾病身心健。

案例分析

2007 年 1 月,教育部向各地教育行政部门通报了多起学校相继发生传染病流行的事件,要求各地各校切实重视学校传染病防控工作,认真落实传染病防控措施,有效地遏制学校传染病流行事件,确保学生身心健康。

2006 年 10 月 12 日,安徽省太湖县新仓镇初级中学 75 名学生因饮用不洁水而感染细菌性痢疾;2006 年 10 月 20 日,浙江省临安市清凉峰镇颊口中学 25 名学生因饮用被污染的自备水井的水而感染细菌性痢疾;2006 年 10 月 14 日至 12 月 26 日,湖南省保靖县清水坪学校 33 名学生、广西壮族自治区凌云县玉洪乡八里村小学 61 名学生、玉林市博白县凤山镇二中 36 名学生、贵州省桃县妙隘乡寨石完小 28 名学生、重庆市秀山县溶溪中学 105 名学生、江西省鄱阳县油墩街镇北源小学 11 名学生及江西中医学院 81 名学生相继感染甲型病毒性肝炎;2006 年 11 月 1 日,新疆维吾尔自治区乌什县阿合托海乡四村小学 13 名学生患流行性腮腺炎;2006 年 11 月 16 日,内蒙古自治区锡林勒盟太仆寺旗第一小学 24 名学生患猩红热。

上述事件的发生,给这些学生的身心健康造成了严重影响。学校是人群比较密集的场所,学生是传染病的易感人群,稍有疏忽,极易造成传染病在学校的发生和蔓延。

落实各项卫生防疫措施,消除传染病发生与传播的隐患很重要。例如,除了学校做的一些预防工作外,教室、宿舍等场所也要经常通风换气,保持空气流通。同学们要养成良好的个人卫生习惯,如打喷嚏、咳嗽时应使用纸巾、手帕并掩着口鼻,不要直接面对他人打喷嚏、咳嗽;接触病人及呼吸道分泌物后要立即洗手,看护患者要戴口罩;不要喝生水,生吃瓜果要洗净;减少和避免到人群集中、空气流通不好的场所活动;有病要及时就医并居家休息;要积极参加体育锻炼,保持充足的休息,增强体质,提高机体抵御疾病的能力。

传染病其实并不可怕,只要做到早发现、早报告、早诊断、早治疗,完全可以有效控制其蔓延。

安全要领

一、传染病的特征

1. 有病原体

每种传染病都有其特异的病原体,包括病毒、立克次氏体、细菌、真菌、螺旋体、原虫等。

2. 有传染性

病原体从宿主排出体外,通过一定的方式到达新的易感染者体内,呈现出一定的传染性,其传染强度与病原体种类、数量、毒力、易感者的免疫状态等有关。

3. 有流行性、地方性、季节性

(1)流行性

按传染病流行病过程的强度和广度分为:散发,是指传染病在人群中散在发生;流行,是指某一地区或单位,在某一时期内,某种传染病的发病率超过了历年同期的发病水平;大流行,是指某种传染病在一个短时期内迅速传播、蔓延,超过了一般的流行强度;暴发,是指某一局部地区或单位,在短期内突然出现众多的同一种疾病的病人。

(2)地方性

地方性是指某些传染病或寄生虫病,其中间宿主受地理条件、气温条件变化的影响,常局限于一定的地理范围内发生,如虫媒传染病、自然疫源性疾病。

(3)季节性

季节性是指传染病的发病率在年度内有季节性升高,此与季节、温度、湿度的改变有关。

4. 有免疫性

传染病痊愈后,人体对同一种传染病病原体产生不感受性,称为免疫。不同的传染病的病后免疫状态有所不同,有的传染病患病一次后可终身免疫,有的还可再感染。

二、几种常见的传染病

1. 流行性感冒

流行性感冒简称流感,是由流感病毒引起的急性呼吸道传染病,主要传染源为患者和病毒携带者,在发病前的最初三天,传染性最强。病毒随打喷嚏、咳嗽或说话喷出的飞沫传播。主要表现为起病急骤、高热、畏寒、头痛、肌肉与关节酸痛、全身乏力、鼻塞、咽痛和干咳,少数患者可有恶心、呕吐、腹泻等消化道症状。

2. 普通性感冒

普通性感冒表现为咽喉痛、鼻塞和流鼻涕、流眼泪、打喷嚏、轻度发热、头痛和咽痛,很少出现发高热和全身酸痛的症状,发病周期短。

3. 水痘

水痘是由水痘带状疱疹病毒感染引起的急性传染病。表现为皮肤黏膜出现斑疹、丘疹、水痘,可伴有发热、头痛、咽痛等上呼吸道症状。水痘具有极强的传染性,主要通过呼吸道飞沫传播或直接接触传染。

4. 麻疹

麻疹是由麻疹病毒引起的一种急性呼吸道传染病,以发热、咳嗽、流涕、眼膜充血、口腔黏膜疹及全身斑丘疹为主要特征,传播迅速。麻疹通过呼吸道飞沫传播,病人是唯一的传染源,患病后可获得持久免疫力。

5. 甲肝

甲肝是由甲肝病毒引起的急性肠道传染病,主要经粪-口途径传播。临床表现为发热、黄疸、乏力、厌食、恶心、呕吐、腹泻等。

6. 流行性腮腺炎

腮腺炎是青少年常见的呼吸道传染病,飞沫的吸入是主要传播途径,病毒侵入上呼吸道黏膜并在局部生长繁殖。患者可有倦怠、畏寒、食欲不振、低热、头痛等症状,其后则出现一侧腮肿大或两侧腮腺同时肿大而变形,局部疼痛,常可波及邻近的颌下腺、台下腺和颈部淋巴结。

7. 乙型病毒性肝炎

乙型病毒性肝炎简称乙肝,是一种由乙型肝炎病毒(HBV)感染机体后所引起的疾病。乙型肝炎病毒是一种嗜肝病毒,主要存在于肝细胞内并损害肝细胞,引起肝细胞炎症、坏死、纤维化。乙型病毒性肝炎分急性和慢性两种。急性乙型肝炎在成年人中90%可自愈;而慢性乙型肝炎表现不一,分为慢性乙肝携带者、慢性活动性乙型肝炎、乙肝肝硬化等。目前我国乙肝病毒携带率为7.18%,其中约三分之一有反复肝损害,表现为活动性乙型肝炎或肝硬化。随着乙肝疫苗的推广应用,我国乙肝病毒的感染率逐年下降,5岁以下儿童的HBsAg携带率仅为0.96%。

8. 霍乱

霍乱是一种由霍乱弧菌所引起的急性腹泻疾病,通过粪便直接污染或通过摄入受污染的水和食物发生传播。病发高峰期在夏季,能在数小时内造成腹泻、脱水甚至死亡。临床上的表现为病菌经过1~2天的潜伏期,使患者突然而无痛的水泻,然后经常会有呕吐的现象。如果没有补充水分与电解质,会造成休克。治疗方式为补充水分与电解质和抗生素治疗。预防的方法除了公共卫生的改善之外,到流行地区旅行前可以注射疫苗。营养不良的儿童或艾滋病毒感染者等免疫力较低者如果感染霍乱,死亡的风险更大。

9. 菌痢

细菌性痢疾是由痢疾杆菌引起的肠道传染病,好发于夏秋两季。临床主要表现为发热、腹痛、腹泻、里急后重和黏液脓血便,严重者可发生感染性休克或中毒性脑病。本病急性期一般数日即愈,少数病人的病情迁延不愈,发展成为慢性菌痢,可以反复发作。

10. 破伤风

破伤风是破伤风杆菌自伤口侵入人体后所引起的疾病。年轻人活泼好动,无论在职业活动中还是日常生活中,都容易受外伤,是破伤风的易感人群。破伤风杆菌主要存在于泥土、人和动物的粪便里,是一种厌氧菌,只有在缺氧的环境中才能繁殖。伤口很浅、血液丰富的地方不容易感染。若伤口较小且很深,污染较严重,伤口内有坏死组织或血块充塞,发生破伤风的可能性就会大大增加。

11. 足癣

足癣是一种极常见的真菌感染性皮肤病,我国民间称之脚气或湿气脚气,主要病原菌是红色毛癣菌,另外还有絮状表皮癣菌、石膏样毛癣菌和玫瑰色毛癣菌等。成人中 70%~80% 的人有脚气,只是轻重不同而已,常在夏季加重,冬季减轻,也有人终年不愈。足癣如不及时治疗,有时可传染至其他部位,如引起手癣和甲癣等,有时因为痒被抓破,继发细菌感染,会引起严重的并发症。

三、有效预防传染病

1)定时打开门窗进行自然通风,可有效降低室内空气中微生物的数量,改善室内空气的质量,调节居室微小气候,是最简单、行之有效的室内空气消毒方法。学校也会有计划地实施紫外线灯照射及药物喷洒等空气消毒措施。

2)接种疫苗。常见的传染病现在一般都有疫苗,进行计划性人工自动免疫是预防各类传染病发生的主要环节,预防性疫苗是阻击传染病发生的最佳手段。

3)养成良好的卫生习惯,是预防传染病的关键。要保持学习、生活场所的卫生,不要堆放垃圾。饭前便后及外出归来一定要按规定程序洗手,打喷嚏、咳嗽和清洁鼻子应用卫生纸掩盖,用过的卫生纸不要随地乱扔,勤换、勤洗、勤晒衣服、被褥,不随地吐痰,个人卫生用品切勿混用。

一口痰到底有多脏

痰是呼吸道的垃圾,有呼吸道分泌的黏液,还有吸进肺里的灰尘、烟尘、细菌、真菌及呼吸道和肺组织脱落细胞和坏死组织、血球、脓性物等。

在人体所有的分泌物中,痰所传播的疾病最多。在痰中有几百种细菌、病毒和真菌。有89种不同类别的鼻病毒,几乎全部生活在呼吸道内。病人痰中的致病微生物更多,结核病90%以上由呼吸道传播。吐在地上的痰,干燥以后可随扬起的尘土漂浮于空气中,被人吸入体内或随其扩散至更广且更远的范围。

所以,有痰不要随地乱吐,可吐在餐巾纸、废纸上,扔进垃圾桶。此外,还要注意咳嗽、打喷嚏时的文明习惯。科学研究发现,一个喷嚏可喷出 1940000 个病毒,咳嗽可喷出 90765 个病毒,若被人吸入就可能感染。许多传染病都是通过空气飞沫传播,所以,打喷嚏、咳嗽时一定要用手帕或纸巾捂鼻,并及时洗手。

什么时候要打破伤风针

通常情况下,如果受到的外伤是深而小的伤口,尤其是带有铁锈的物体(如剪刀、铁钉等)刺入体内时,都需要打破伤风抗毒素。而一般大面积的擦伤是不用打的。如果伤口不深,做消毒处理即可,不需要包扎(因为破伤风杆菌是厌氧菌,有氧环境下不能存活)。破伤风是一种危害严重的疾病,由破伤风杆菌经伤口侵入引发,急性起病,以局部或全身肌肉强直与阵发痉挛为特征,病死率极高。病后无持久免疫力,可被再次感染。破伤风杆菌繁殖生长需要生长条件,一是伤口过深,二是被含有该菌的东西污染,三是同时混有需氧菌感染而形成局部的低氧条件。本病潜伏期最短为 18 小时,最长可达 2 年,一般为 1~2 周。外毒素量越大,病情越严重者,潜伏期越短(跟受伤部位成正比)。如果是局部发病,预后良好;全身发病的话,早发现并早治疗,要赶在破伤风毒素与神经元结合之前给予治疗,这样也有一定的效果。破伤风的发病率虽然不高,但是一旦发病,病死率极高,所以,有时在怀疑伤口受到污染的情况下需要做免疫治疗。

洗手有多重要

人的手会与各种各样的东西接触,不但会沾染灰尘、污物,有时还会沾上有毒有害的物品,更会沾染上微生物、细菌、病毒。一般来说,人的手上大约黏附有 40 多万个细菌,如果手洗不干净,后果不堪设想。有些人有些坏习惯,手一闲下来就抠鼻子、揉眼睛,不但可能造成鼻子、眼睛黏膜破损,而且为手上的病原物侵入人体创造了条件。由此可见,我们应经常用肥皂水洗手,使用流动水洗手,不要用手擦鼻涕、揉眼睛、挖耳朵。

现实生活中,相当多的人在洗手时陷入误区,一是不愿洗手,总觉得自己的手挺干净,觉得自己抵抗力强,没有养成勤洗手的良好习惯;二是简单擦手,以擦代洗;三是盆水洗手,盆水已脏,手依然是脏的;四是不用洗手液或杀菌皂洗手;五是只洗一遍手,肥皂搓出点泡沫马上用水洗掉了,泡搓时间短,冲洗遍数少,这些都是不健康的洗手方法。

 七步洗手法

练习展示

1. 练习七步洗手法。

2. 你的舍友小刘经常借用你的拖鞋,而你又不好意思不让小刘穿,这样做有什么风险?

3. 假如你所在的城市连续几天都是雾霾天,你觉得此时是否还需要开窗通风?为什么?

生命与安全

第四单元 实训安全

● **训练要点**

　　本单元包括实训规范、工作环境规范、实训安全事故处理三个任务,通过真实的案例分析,指导同学们学习实训过程中的安全知识,掌握安全技能。

　　1. 认识实训规范的重要性,养成良好的实训安全习惯。

　　2. 能够掌握、践行工作环境现场管理规范。

　　3. 了解安全管理和安全事故处理的一般方法。

● **素养要求**

　　通过本单元的学习,达到以下素养目标:

　　1. 具备能够遵守规范、洞察环境变化的素质。

　　2. 具备执行工作现场管理规范的素质。

　　3. 具备分辨、防范危险、危害和事故隐患的素质。

　　4. 具备保护个人和他人人身安全的素质。

任务一　实训规范篇

实训文明行为规范歌

工装护具整洁齐,入场有序定人岗。
谈吐文明举止雅,尊敬师长听指挥。
爱护公物如己出,保持卫生环境美。
操作正确规范化,遵守规程才安全。
厉行节约不浪费,勤学苦练长才干。
文明规范成习惯,德技双馨永遂愿。

实训安全歌

职教学生技能高,专业实训很重要。
遵守规程守纪律,大国工匠是目标。
训前训中和训后,操作步骤要记牢。
细微小事不马虎,技能水平节节高。
行业分类虽不同,安全要求皆首要。
机电行业且为例,讲讲安全大主题。

一、训前

进入场地勿心急,检查着装是前提。
领口袖口要扎紧,凉鞋短裤不能进。
防护帽子要戴好,护目眼镜不能少。
手套围巾要脱掉,安全第一是必须。
操作规范要熟读,环境检查先完成。
设备情况要了解,准备妥当才开始。

二、训中

实训态度要积极,工作环境须洁净。
工量刀具放稳妥,工作台面要整齐。
床身上面不乱放,防止掉落有损伤。
使用过后放原处,上下分类定准位。
爱护量具要记牢,正确使用最紧要。
开车之前要检查,每个部位都别落。
机床正常才起动,粗心大意后果重。
毛坯棒料不伸长,满足加工便装夹。

工件刀具要装牢，防护门窗须关好。
变换转速要停车，主轴不停莫检测。
专用铁钩清铁屑，切记不能用手接。
电气设备勿乱拆，触电危险一瞬间。
出现故障及时报，经过详情写明了。
小组合作轮流练，多人操作酿大祸。
工艺编程要合理，相互检验最保险。
走刀路线要规范，切削用量不乱用。
程序校验功能好，避免撞车无险情。
加工之前要检查，十大注意记心间。
开车首先要返参，对刀必须要准确。
光标移到程序头，主轴档位得放正。
机床锁住要取消，千万不能空运行。
五大模式选自动，单段适合新手用。
快速手轮倍率低，刀具工件要远离。
以上全部检查过，按下循环启动键。
时刻盯紧刀具动，注意坐标保安全。

三、训后

实训结束需清扫，六项工作要做好。
设备擦拭重保养，现场物品摆齐整。
工具整理要到位，环境卫生细打扫。
使用记录填完整，设备异常详汇报。
保证安全好进步，方便你我共成长。

案例分析

同学们，想要成为职场上的技能精英，在学校期间的专业课程实训是必不可少的，有些是在校内实训基地完成的，还有些是在校企合作的实习工厂完成的，无论在哪里，都要提高自身的安全意识，严格遵守安全规范，这样才能避免实训时工作事故的发生。

心痛的事故，让我们警醒。请阅读下面的案例，想一想这些事故到底问题出在哪里？如果你是操作者，又该如何避免？最终，如何提升自身的安全意识呢？

第一类　不遵守操作规程，导致安全事故

1. 未戴护目镜，铁屑崩到眼上

【案例1】石家庄某职业学校机电实训基地里，普通车工车间的实训课上，按照规范流程，进入车间前指导教师对学生进行了着装规范的检查纠正，讲解实训项目的任务内容和安全要求之后，分组做操作规范的演示。张同学在操作练习的过程中，嫌护目镜碍事，在指导教师辅导其他同学时擅自摘下，切削时，被崩碎的铁屑打到眼睑，留下明显疤痕，所幸没有造成更大的伤害。

规范着装是对生产作业人员人身安全的重要保障之一,是执行和遵守规章制度的体现。各行业各岗位都有其特有的着装要求。例如,建筑行业有"三宝"——安全帽、安全带、安全网;机械行业也有"三宝"——防护帽、护目镜、劳保鞋。机械加工类通用安全操作规程规定:"操作前,操作人员应穿紧身合适的工作服,束紧衣襟,按本工种规定着装。穿劳保鞋,佩戴防打击的护目镜,留有长发时要戴防护帽,严禁戴手套、围巾或敞开衣服操作旋转机床"等。

　　"条条规章血凝成",任何一个规章制度的建立都是在无数个血的教训上形成的。规范着装,既是一种安全劳动保护措施,又是职业形象的标识、精神风貌的反映,体现出了一个职业人的专业文化内涵。

　　机械加工类着装规范如图 4-1 所示。

工作服全貌

袖口示意图

领口示意图

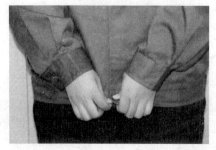

衣服下摆示意图

帽子整理示意图

图 4-1　机械加工实训上身着装规范

生命与安全

安全帽佩戴正误对比如图 4-2 所示。

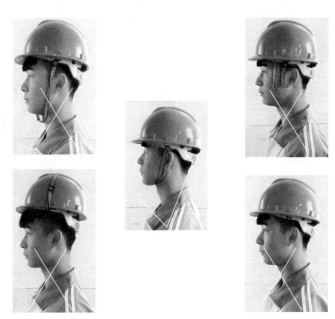

图 4-2　安全帽佩戴正误对比

2. 双人同时操作，扳手被撞断

【案例 2】河北某中职学校数控实训基地，数控车实训车间实操训练中，课前集中学习数控车床操作规程，其中明文强调："严禁两人同时操作机床。小组训练时，一人操作练习，另一人可在工作区域外观察学习，然后轮换，完成训练"。并举例强调了两人同时操作设备的危害，要求同组学生轮流练习并互相监督。刘同学在卡盘上进行工件安装的操作过程中，同组的李同学因不熟悉设备，又没有遵守操作规程，贸然按下操作面板上的"启动"按钮，机床主轴旋转起来，多亏刘同学反应正确，及时松手，未被挤伤；指导教师赶到及时，紧急停止设备，幸运的是工件没有飞出，否则后果不堪设想。事故中，刘同学使用的扳手被主轴带动旋转，在机床上撞击断裂。

很多机电类专业的初学者对"三不伤害"（即不伤害自己、不伤害他人、不被他人伤害）的要求不太理解，甚至嗤之以鼻，认为如此简单低级的要求，很容易做到，不需要反复强调。殊不知"三不伤害"要求充分体现了对自身安全、对他人生命的尊重和负责。案例中，李同学"明知故犯"的类似情况，在实训课堂上屡见不鲜。尤其机电类专业，由于岗位特点、设备条件和工作性质，在实训实习中有很多需要协作、配合的情况，以"帮助"为假设的违反操作规程的行为，其实是对他人生命的威胁。同样，为了自身的安全，在开始工作之前，也要确保搭档、组员处于不影响自己的位置，做好细致沟通，确保其不违规干涉操作。

3. 训前设备检查，明确工作区域很重要

【案例 3】广州某海运类重点技工学校有一个室外救生艇实训场地，这个实训场是在陆地设置的模拟环境，并不在水面上。实训用的救生艇为玻璃钢制造，重达 1 吨左右。该救生艇平时与船舶真实救生艇一样，由钢缆悬吊起来，因为环境不同，实训用救生艇距离地面约两米。某天，2012 级 20 多名水手专业的学生正在进行救生艇模拟收放实训演练。悬吊在半空中的救

生艇，突然发生钢缆断裂下坠事故(图 4-3)，导致下方 20 多名男生中多人被砸中，其中 1 人死亡及 5 人重伤。

导致该事故的原因主要有三个：一是课前对实训设备检查不够细致，负责定期检查的部门和教学部门交接、沟通不畅，未能及时发现安全隐患，导致实训中钢缆断裂；二是无论是真实环境还是模拟环境，收放救生艇的训练，其下方都应有明确的"禁止站立"的区域，众多学生不应同时在救生艇下方聚集；三是课堂教学活动组织不当，可按照实际工作需求合理分组、分工，这样既能保证学生训练有岗位、有针对性，也能避免在同一实训区域人员密集，出现意外时人员相互拥挤、无处躲闪的状况。

图 4-3　实训救生艇坠落事故示意图

第二类　安全意识淡薄，导致安全事故

1. 不履行自身责任，危及生命安全

【案例 4】某中职学校学生技能大赛数控机床装调与维修比赛项目中，同组的两名选手，在进行设备检修时，丁某一边准备检测工具，一边请搭档白某去关闭总电源。白某没有仔细查看电源箱内的标示牌，随意断开了一个电闸，并告知丁某已经断电了，丁某也未经确认，直接开始连线检测，导致烧毁变频器一台，价值 4000 多元。该实训设备用电为 380 伏，如果丁某不小心触电，必定会危及生命安全。

随着职业教育的改革发展，学生在校实训条件与实际工作岗位已基本一致，而学生校内实训期间的事故率却能够远远低于"顶岗实习"和"就业初期"两个阶段。例如，本案例中的丁某，如果在平时技能训练中，提出同样要求"让白某代替断电"，肯定要被监督的教练纠正、批评，勒令重新学习背诵操作规程并考核。但在赛场或工作岗位上，学生是被当作合格的职业人来对待的，缺少了专人刻意的监控，同时高估了自己的能力，加上自身对安全缺乏足够的重视，对实习伤害事故的危害性认识不够深刻，就更容易发生重大事故。

2. 疏忽责任、组织不当，致使丧命

【案例 5】2011 年 5 月 12 日，某市职业技术学校 2009 级电工电子班 32 名学生在任课老师的带领下，在该校 5 号教学楼三楼 306、308 教室分别上电力拖动实训操作课，根据课程安排，先是每人在 306 教室制作一块电线板，后至 308 教室检测电线板的通电情况。结果，学生吴某因急着下课去吃饭，在未关闭 380 伏高压电源的情况下，直接用双手去取电钳，导致触电倒地，后急送市医院抢救无效身亡。

这是一起较为典型的学生实训责任事故。一是学生严重忽视专业规范和用电常识。学生应对具有潜在危险的实训操作课，熟练牢记、掌握相应的安全操作规程，并严格遵守，避免不幸事故的发生。二是教师在课堂教学活动的管理和监护中存在失职，致使学生在实训中没有严格按安全操作规程执行，引发事故。三是学校实训室组织和管理存在缺陷。案例中的实训需要直接用高压电检测，却安排在两个实训场地完成，应至少有两名教师分别负责，或者学生完成第一个实训任务后，统一更换到第二个实训室再训练，确保有教师全程指导、监控，尤其实训课程开始和临近结束(实习的预备性和收尾性活动)的时段，最容易出问题，应给予足够重视，避免发生此类严重事故。

第三类　自我主张、放松警惕,险致事故

1. 私接电源,引发火情

【案例6】某信息技术类学校实训机房的实训课上,学生毛某为了放学后给手机充电,私自将充电宝带进机房,藏在计算机桌的空档里,并用凳子和衣服遮挡住。实训结束时,毛某心急离开,忘了拔掉并带走充电宝。充电宝因质量问题在充电中爆炸,引燃周围物品,幸亏被周末前例行检查的管理人员及时发现,才控制了火情,未造成严重火灾。

2. 未经允许,擅自改变实训内容

【案例7】某卫生学校护理专业学生课堂实训,在老师讲解、示范了静脉滴注的操作步骤和注意事项后,由学生两两组合进行练习。同学小丽在完成一次静脉滴注练习后,看到实训室内静脉推注的操作流程图,在没有学习该操作注意事项的情况下,未经请示、未获允许,和同组的小青私自商量做静脉推注的练习。结果在避开老师监控的情况下,操作过程中因紧张而推注过快,导致小青身体不适出现昏厥。

导致上述两个案例发生的主要原因:一是学生个人安全意识松懈,没有真正认识到实训事故的危害性;二是实训过程中和实训前后的检查、监控、整理和清扫不够及时、严密。

安全要领

仔细分析以上发生的实训事故,发现它们都有以下共同的特点:

1)对实训安全守则不够熟悉。

2)课堂自主意识差,不能认清实训规则执行的准确性。

3)对实训设备认知不够导致的知识盲点。

同学们,安全意识淡薄,不遵守规章制度,自我主张,自我放松是造成实训事故发生的主要原因。我们有必要通过研究发生的实训事故,认清具体的事故过程,预防为主,防治结合,常抓不懈。

一、个人安全措施到位

在实训场所,如实训车间、实验室及技能训练室等场合,都有明确规定的安全守则和着装要求;同时,对于参加实训的学生有明确的知识储备要求,因此,严格执行实训守则,个人安全措施到位是首要要求。需要特别说明的是,当我们的身体状况不佳不适合实训时要提前告知老师退出实训,以免发生意外。

二、预防实训事故的措施

实训过程中随时可能发生意外,而对这个过程的危险性认知必须得到重视。进入实训场地后,可遵守如下通用安全规程来预防实训事故的发生。

1)严禁追逐、打闹、喧哗、阅读与实训无关的书刊、听音乐等。

2)实训开始前,应先熟悉周围工作环境,排查安全隐患,检查工作区域划分、设备是否良好、实训器具是否齐全完好等。

3)应在指定的位置区域和实训设备上进行练习。未经允许,其他机床设备、工具或电器开关等均不得乱动。

4)操作练习前必须熟悉实训设备的性能、结构、原理及操作规程,掌握实训设备各操作按钮、指示灯的功能及操作程序,牢记整个操作过程的注意事项等。

5）必须经指导老师同意方可按步骤操作，不允许跳步骤执行。未经指导老师许可，不可擅自操作、违章操作或变更实训内容。

6）实训中，不得擅自离开实训区域，应保持思想高度集中，观察实训设备的运行状态、记录分析现象，若发生不正常现象或事故时，应立即终止，切断电源并及时报告指导老师，不得进行其他操作。

7）严禁暴力操作，严禁私自拆卸设备、更改参数等。

8）实训结束后，整理、清扫工作区域，恢复设备到正常初始状态。

9）关闭总电源，填写使用记录。

三、处理实训事故的措施

1）严格遵守安全操作规程。

2）有安全预案，遇到问题要有相应的紧急应对方案。

在校期间，各类专业实训中，出现人员及设备事故，同学们采取的最佳措施还是在保证自身安全的情况下，切断设备电源，避免造成更大伤害，并及时报告，请指导教师处理。

3）当发生安全问题时，不要慌乱，按照正确的流程进行处理、疏导。应对紧急状况的注意事项：

①遇到事故，有人员伤害发生时，不要惊慌失措，在周围环境不危及生命的条件下，一般不要轻易随便搬动伤员。

②第一时间汇报给负责的教师，帮助或设法联系有关部门，不要单独留下伤员无人照管。

③不要围观、拥挤，避免影响到事故的处理和救助。

④遇到严重事故，还应在教师的指导下，立即向学校、医院、政府等部门报告，介绍现场在什么地方、事故情况、伤情如何、都做过什么处理等。

⑤对轻微伤害事故，并且伤情稳定，学校医务人员估计转运途中不会加重伤情的，迅速组织人力，利用各种交通工具将其分别转运到附近的医疗单位急救。

在机械加工实训中，砂轮飞溅伤到眼睛的处理方法：

（1）异物伤的处理方法

异物如细屑（如铁屑、砂粒）嵌入皮肤表层，可用镊子夹出。如果结膜内出现异物，此时会出现疼痛、流泪等症状，可用洁净的手绢或棉签轻轻拭出（切勿用手揉搓眼睛）。如异物在角膜上，先冲洗（盐水更好），如果洗不掉，用清洁棉签轻轻拭除角膜异物。对于较深的异物，则应立即到医院处理。眼部皮肤戳伤后，容易引起皮下出血、肿胀或有瘀斑，这时千万不要用手挤压，甚至翻开眼睑等，可用干净纱布或毛巾冷敷，如果出血较多，可用手绢、布条压住伤口，送医院急救。

（2）钝挫伤的处理方法

当眼睛被较大锐物等挫伤或眼壁穿破时，切勿用手揉搓、擦拭或随便按压，防止继续出血或感染。此时应立即用干净的棉垫包眼。条件许可者，给予抗生素和消炎片，肌内注射破伤风抗毒素，然后送医院救治。

生命与安全

数控专业实训男生着装规范

 数控专业实训女生着装规范

 数控机床实训操作规范

 物流作业叉车操作规范

 网络综合布线操作规范

 维修电工实训操作规范

 汽修实训操作规范

1. 实训车间里噪声很大,你的同学小王操作机床时为了免受"噪声污染"之苦,带上了耳机听音乐,并把音量调到了最大。这样做对吗?

2. 扫描二维码,观看物流作业叉车操作规范,试着总结出叉车操作的基本规范,并向你的同学讲讲如果不遵守这些规范,可能引发哪些安全事故。

3. 以你所在专业的实训课程为例,分别针对实训前、实训中和实训后提出具体的要求和步骤。

4. 如图4-4~图4-7所示,向同学描述图中工作人员违反了哪些安全规程,并分析可能导致的伤害事故。

图 4-4

图 4-5

图 4-6

图 4-7

任务二　工作环境规范篇

开篇分享

5S 现场管理法:整理(Seiri)、整顿(Seiton)、清扫(Seiso)、清洁(Seiketsu)、素养(Shit-suke),又被称为"五常法则"或"五常法",如图 4-8 所示。

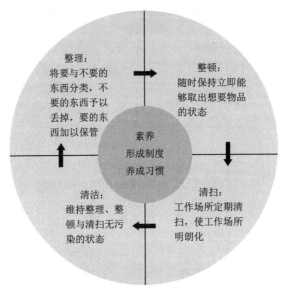

图 4-8　5S 管理示意图

5S 现场管理法起源于日本,是指在生产现场中对人员、机器、材料、方法等生产要素进行有效的管理,相当于我国企业里开展的文明生产活动。

后来,根据企业进一步发展的需要,有的企业在原来 5S 的基础上又增加了安全(Security)、学习(Study)、节约(Saving)、服务(Service)、满意(Satisfaction)、效率(Speed)、坚持(Shitsukoku),延伸为"12S"。

5S 现场管理法可广泛应用于制造业和服务业等,有效地改善现场环境的质量和员工的思维方式,使企业能有效地迈向全面质量管理。推行 5S 管理,可提升企业形象、提高工作效率、确保安全生产、减少故障、保障品质、实现高度标准化、降低生产成本、缩短作业周期、创造令人心旷神怡的工作场所、改善企业精神面貌、形成良好的企业文化。

职业学校与企业联系密切,许多学校在教育教学、专业实训等方面也引进了该管理规范,以提高学生的整体素养,培养更适应企业需求的高级技能型人才。工作环境的规范,为安全生产提供了前提保障。

案例分析

第一类　杂物乱堆出意外

【案例 1】辽宁某压力锅厂,维修班长张某带领季某在更换调整了轧机的轴瓦之后,季某离开。张某在围绕轧机检查时,因为地面油污较多,工具、杂物堆放混乱,失足滑倒,身体失去平衡,右臂和头被卷入两个轧辊之间(图4-9),从上到下被轧辊压过,导致右臂骨折、头部严重创伤,经抢救无效死亡。

图4-9　工作区域乱摆放杂物绊倒致丧命

【案例2】2005年6月15日,某旋开盖分厂实习员工在压力机4号线上行走时,右脚将地面上的废条料带起割伤左脚肌腱,导致左脚肌腱断裂,给治疗恢复后,仍留下残疾。

工作环境杂乱无章、油污满地,是无序生产的标识,也是事故发生的温床。工作现场环境中,成品、半成品、材料、工具、切屑和生产用品存放位置不当或清理不及时等,不良状态的背后,往往隐藏着人为的安全隐患或失误,是监管失利的明显表现。案例1中的张某及其同组成员,如果在施工前后进行整理、整顿、清扫,使现场环境内物、区、道标志清晰,通道明亮、顺畅安全,施工中保持有条不紊、整整齐齐的作业环境,就不至于发生惨案。

职业学校学生实训中,也常发生因地面工具、杂物乱堆放,被绊倒受伤;电线、焊接工具混放,导致短路烧毁实训设备或触电伤害;机械切削的长铁屑,处置不当(用手直接拉扯或挂住鞋袜),也频繁出现割伤事故。所以,学习并遵守5S现场管理法,其实就是在为我们的生命安全保驾护航。

第二类　忽视安全标识致伤残

【案例3】河北某机械公司一名负责宣传工作的实习生小童,到装配车间拍摄素材,由于过于专心盯着镜头,未注意到"当心吊物"的警告标志,听到同事的大声警告又没能及时反应躲避,被悬吊移动的大型部件撞击右肩,导致内脏出血、右臂骨折,因抢救及时保住性命,却留下终生残疾。

【案例4】某职业学校的一名电工正在维修电气控制设备,觉得维修时间不长,断电后未挂"禁止合闸,有人工作"的标示牌,以为绝对不会有事。但轮换过来实训的人员发现设备断电了又没有标示牌,着急上课也没问就直接合闸,导致这名电工被电击晕过去,多亏保护装置启动,未造成更严重的后果。

小小的标示牌似乎很不起眼,甚至有些妨碍现场的布局美观。但就是这个标示牌,有时也能挽救一个人的生命。

安全标志是向人们警示工作场所或周围环境的危险状况,指导人们采取合理行为的标志。安全标志能够提醒工作人员预防危险,从而避免事故的发生(图4-10);当危险发生时,能够指示人们尽快逃离,或者指示人们采取正确、有效、得力的措施,对危害加以遏制。

图 4-10　规范的标识和防护措施

警示标识通过规定人们可以做什么、必须做什么及禁止做什么,为人们的行为提供了模式和标准,既约束了人们的行为,维护了社会公共秩序,也有效地降低了事故的发生率,保护了人们的生命和财产安全。粉尘区域如果没有"严禁烟火"而听之任之,就很容易引发火灾甚至爆炸事故;生产区域如果没有"配电重地,闲人莫入",不设遮拦随意进入,就极有可能导致触电伤害;危险化学品卸车区域如果没有"必须戴防毒面具"的警示,就有可能使没有安全防护意识的员工发生腐蚀、烧烫伤、窒息伤害等。像这样的警示牌还有很多,关键是我们在工作中注意,自己多看看周围有没有安全警示、有没有安全标识,自己加强防范意识。

提示标识是一种对人们在工作中、出行中对周围环境和可能发生问题的善意提示。例如,生产车间内的"当心机械伤害""高温危险,请勿靠近";公路上的"限速 60 公里/小时""前方施工";商场中的"紧急疏散通道""安全出口"等,需要我们在日常工作生活中注意和遵守,以便提醒注意,保证安全。

安全要领

一、做好 5S 管理要求

大力推行 5S 管理理念,严格遵守 5S 管理要求,提高职业人员综合素质的同时,也大大加强了安全保障。那么,5S 管理有哪些详细要求? 我们又通过哪些措施做好 5S 管理呢?

1. 整理(Seiri)

整理:把需要与不需要的人、事、物分开,现场只保留必需的物品。

这是改善生产现场的第一步。其要点是首先对生产现场摆放和停滞的各种物品进行分类,区分什么是现场需要的,什么是现场不需要的;其次,对于现场不需要的物品,如用剩的材料、多余的半成品、切下的料头、切屑、垃圾、废品、多余的工料、多余的工具、报废的设备、员工个人生活用品(下班后更换的衣、帽、鞋、袜及水杯、手机)等,要坚决清理出现场。这样做的目的是:

1)改善和增大作业面积。

2)现场无杂物,行道通畅,提高工作效率。

3)减少磕碰的机会,保障安全,提高质量。

4)消除管理上的混放、混料等差错事故。

5)有利于减少库存量,节约资金。

6)改变作风,提高工作情绪。

这项工作的重点在于坚决把现场不需要的东西清理掉。以生产车间为例,对于各个工位或设备的前后、通道左右、厂房上下和工具箱内外等,包括车间的各个死角,都要彻底搜寻和清理,达到现场无不用之物。坚决做好这一步是树立好作风的开始。

2. 整顿(Seiton)

整顿就是把需要的人、事、物加以定量、定位。

通过上一步的整理后,对生产现场需要留下的物品进行科学合理的布置和摆放,以便在最快速的情况下取得所要之物,在有效的规章制度和流程下完成事务。整顿活动的要点是:

1)物品摆放要有固定的地点和区域,以便于寻找和消除因混放而造成的差错。

2)物品摆放要科学合理。例如,根据物品使用的频率,经常使用的东西放得近些(如放在作业区内),偶尔使用或不常用的东西则应放得远些(如集中放在指定保管部门)。

3)物品摆放目视化,使定量装载的物品做到过目知数,不同物品摆放区域采用不同的色彩和标记。

生产现场物品的合理摆放有利于提高工作效率和产品质量,保障生产安全。

3. 清扫(Seiso)

清扫就是把工作场所打扫干净,设备异常时马上修理,使之恢复正常。

现场在生产过程中会产生灰尘、油污、铁屑和垃圾等,从而污染现场。污染了的现场会使设备精度降低,故障多发,影响产品的质量,使安全事故防不胜防;更会影响人们的工作情绪,使人不愿久留。因此,通过清扫创建一个明快、舒畅的工作环境,以保证安全、优质和高效率地工作。

清扫的要点是:

1)自己使用的物品,如设备、工具等,要自己清扫,而不是依赖他人,不增加专门的清扫工。

2)对设备的清扫,着眼于对设备的维修保养。清扫设备同设备的日常检查结合起来。清扫设备要同时做好设备的润滑工作,清扫也是保养。

3)清扫也是为了改善,所以,当清扫地面发现有飞屑和油水泄漏时,查明原因并采取措施加以改进。

4. 清洁(Seiketsu)

清洁就是要在整理、整顿、清扫之后认真维护,保持完美和最佳状态。清洁不是单纯地从字面上来理解,而是对前三项活动的坚持与深入,从而消除发生安全事故的根源,创造一个良好的工作环境,使员工能愉快地工作。清洁活动的要点是:

1）工作环境不仅要整齐，而且要做到清洁卫生，保证员工的身体健康，增强员工的劳动热情。

2）不仅物品要清洁，而且整个工作环境要清洁，进一步消除混浊的空气、粉尘、噪声和污染源。

3）不仅物品、环境要清洁，而且员工本身也要做到清洁，如工作服要清洁，仪表要整洁，及时理发、刮须、修指甲和洗澡等。

4）员工不仅做到形体上的清洁，而且要做到精神上的"清洁"，待人要讲礼貌，要尊重别人。

5. 素养(Shitsuke)

素养，即养成良好的工作习惯，遵守纪律。

素养即教养。努力提高人员的素质，养成严格遵守规章制度的习惯和作风，这是5S现场管理法的核心。没有人员素质的提高，各项活动也不能顺利开展，开展了也坚持不了。所以，抓5S活动，要始终着眼于提高人的素质。5S活动始于素质，也终于素质。

总而言之，5S现场管理法就是把企业的文明生产各项活动系统化、程序化、标准化，这是工作环境规范的标准，能够极大地保障工作环境的安全性。

二、认识安全标识

1. 地面画线

画线标准就是根据不同的区域确定地板的颜色，并用画线标准将其区分的方法。认清各类地面画线图例，便于迅速分辨通道、出入口、危险区、作业区等，能够有效及时地避开危险。地面定置线的标准及要求见表4-1。

表4-1 地面定置线标准及要求

类 别	作 用	颜色	幅宽/厘米	间隔/厘米	线型	示 例
通道线	标识通道、作业区的线，禁止踩踏、跨越	黄色	8		实线	
	人行道	绿色	8		实线	
出入口线	区域隔线为实线，可以跨越出入的路段为虚线	黄色	8	30～20	虚线	
通行线	标识通道左侧通行或右侧通行的线，用以指明行进方向，要有一定的间隔或画在转角附近	黄色	根据需要	根据需要	箭头	
虎斑线	标识危险地点、区域的线，如移载平台、转盘、吊钩、卷帘门下沿20厘米，配电盘区域，实验平台区域，压力容器区域等的区域画线	黄黑相间	8	10～10	实线	
放置场线	标识在制品放置场所与作业平台的线	白色	5		实线	
作业区	饮水区、作业区域画线	绿色	5		实线	
消防区	废品区、消防区域画线	红色	8		实线	
暂存区	等处理区、暂存区域画线	蓝色	5		实线	

消防器材、油类、化学品等危险物品的定位如图4-11所示。

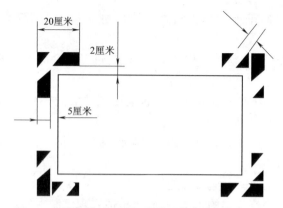

图 4-11　消防器材、油类、化学品等危险物品的定位

消防栓、配电柜等禁放物品的开门区域定位如图 4-12 所示。

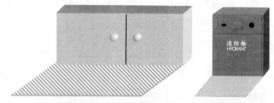

图 4-12　消防栓、配电柜等禁放物品的开门区域定位

门开闭线如图 4-13 所示。

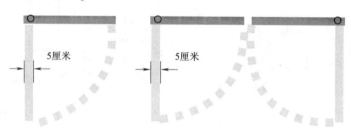

图 4-13　门开闭线

警示范围线如图 4-14 所示。

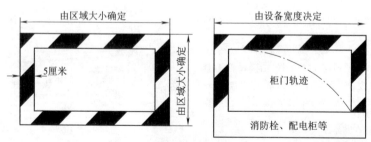

图 4-14　警示范围线

2. 安全标志

安全标志是由安全色、几何图形和图形符号构成的,用以表达特定的安全信息。使用安全标志的目的是提醒人们注意不安全的因素,防止事故的发生,起到保障安全的作用。当然,安全标志本身不能消除任何危险,也不能取代预防事故的相应设施。

安全标志分为禁止标志、警告标志、指令标志和提示标志四大类型。

（1）禁止标志

禁止标志的含义是禁止人们不安全行为的图形标志。其基本形式为带斜杠的圆形框。圆环和斜杠为红色，图形符号为黑色，衬底为白色，如图 4-15 所示。

图 4-15　禁止标志示例

（2）警告标志

警告标志是提醒人们对周围环境引起注意，以避免可能发生危险的图形标志。其基本形式是正三角形边框。三角形边框及图形为黑色，衬底为黄色，如图 4-16 所示。

（3）指令标志

指令标志是强制人们必须做出某种动作或采用防范措施的图形标志。其基本形式是圆形边框。图形符号为白色，衬底为蓝色，如图 4-17 所示。

（4）提示标志

提示标志是向人们提供某种信息的图形标志。其基本形式是正方形边框。图形符号为白色，衬底为绿色，如图 4-18 所示。

安全标志在安全管理中非常重要，作业场所或有关设备存在较大的危险因素就必须设置明显的安全标志，以提醒、警告员工，使他们能时刻清醒地认识所处环境的危险，提高注意力，加强自身安全保护，对于避免事故发生起到积极的作用。

在设置安全标志方面，相关法律法规已有诸多规定。例如，《中华人民共和国安全生产法》第三十二条规定："生产经营单位应当在有较大危险因素的生产经营场所和有关设施、设备上，设置明显的安全警示标志"。《中华人民共和国建设工程安全生产管理条例》第二十八条规定："施工单位应当在施工现场入口处、施工起重机械、临时用电设施、脚手架、出入通道口、楼梯口、电梯井口、孔洞口、桥梁口、隧道口、基坑边沿、爆破物及有害危险气体和液体存放处等危险部位，设置明显的安全警示标志。安全警示标志必须符合国家标准"等。

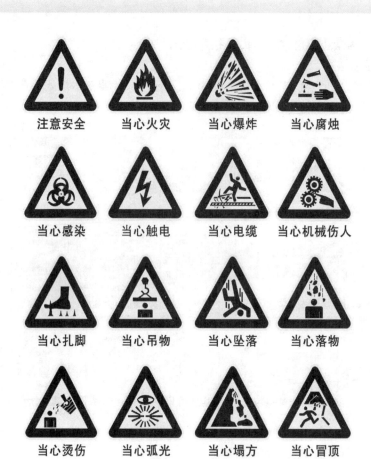

图 4-16　警告标识示例

图 4-17　指令标志示例

图 4-18　提示标志示例

练习展示

1. 观看视频 27,请同学们总结视频中的工作人员有哪些行为不符合 5S 管理要求。

如此职业人

2. 企业 5S 现场管理法应用广泛,同样可适用于同学们的日常生活。例如,将我们的教室按照 5S 现场管理法规范一下,是不是上课会感到更舒心、阳光?想一想还有哪些学习生活的场景可以参照 5S 现场管理法?

3. 请将图 4-19 所示的安全标识进行分类,并说明其含义。

图 4-19　分辨安全标识 1

4. 如图 4-20 所示,找一找,看你认识以下哪些安全标识,说一说它们的含义。

图 4-20　分辨安全标识 2

任务三　实训安全事故处理

开篇分享

　　根据教育部选取的 80 万例样本分析,2013 年每 10 万名实习学生发生一般性伤害的约为 79 人,其中导致死亡的约为 5 人,明显高于 2012 年每 10 万名实习学生中约 40 人发生一般性伤害,4 人死亡的统计数据。

　　据统计,2013 年学生实习安全事故类型主要包括机械伤害、跌倒摔伤、交通事故、砸伤、突发疾病、灼伤、暴力伤害、注射针头扎伤、动物抓咬伤、溺水、煤气中毒等。

　　职业学校学生参与专业技能实训、实习是一个必不可少的学习环节。大多数职校生都要在模拟或真实的岗位环境下参与各种专业技能的训练。学生、指导教师、学校或实习单位如果忽视各种安全防范措施,就容易出现事故。尽管很多学校和单位为了做到安全实训实习,采取了大量预防措施,但实训实习伤害事故的发生率仍呈逐年上升的趋势。

　　认识各类安全事故,能够分析事故原因,学会危险、危害和事故隐患的分辨排查,懂得发生事故后的正确处理措施和流程,这些都能使得我们在实训实习中避免安全事故的发生,能够为我们年轻绚丽的生命保驾护航。

案例分析

【案例 1】起重伤害事故

　　如图 4-21 所示,2016 年 11 月 1 日,台州椒江某工厂里,一辆叉车装着五六块石板,后面有个人双手拉着驾驶室门架半蹲在叉车上,开到门口时车子突然向前翘起,一名女工上前去帮忙拉,人被叉车翘起,脚下一滑倒在了叉车下面,她挣扎着挪动身体,想逃。此时,石板从前倾的车头上掉落,原本悬空的叉车尾部突然着地,重重地压在女工身上,把她整个人都罩住了,只剩下一双脚露在外面。

图 4-21　叉车事故组图

图 4-21　叉车事故组图(续)

有人喊着跑过来,开叉车的人也想下车,但也许他脚踩在油门上,所以车子又往前移动,二次碾过了女工。而后,闻讯赶来的其他工人试图推动叉车,叉车再次带着女工身体往前拖动,女工当场身亡。

这是一起典型的违规操作且应急处理不当的案例。

违规操作:一是叉车运货时超载;二是在明知超载可能发生倾覆的情况下,再次违章使用人员充当叉车配重;三是发现超重倾覆迹象的女工,不但没有按要求提醒制止违规行为,还违章上前拖拽叉车;四是装满货的叉车,因视线问题,要倒着开才能保证安全。

应急不当:一是女工发现违规,未按安全条例流程执行;二是女工被压在车下时,司机处置不当,发生二次碾压;三是众人盲目施救,再次造成碾压,并且延误了抢救时间。

【案例 2】机械伤害事故

1998 年 5 月 19 日,江苏省某个体机械加工厂内,车工郑某和钻工张某两人在相邻两台设备上作业,他们的两台机床的间距仅有 0.6 米,当郑某在加工一件长度为 1.85 米的六角钢棒时,因为该棒伸出车床长度较大,在高速旋转下,该钢棒被甩弯,打在了正在旁边作业的张某的头上,等郑某发现立即停车后,张某的头部已被连击数次,头骨碎裂,当场死亡,如图 4-22 所示。

图 4-22　车床事故示意图

这个案例显示,首先工作的环境存在安全隐患:作业环境狭小且没有采取相应的作业管理和防护措施,如相邻两台设备禁止同时工作;其次,在进行特殊工件加工时,没有专门的安全措施和防护装置,最终引发惨痛的伤害事故。在工作中,我们千万不能为了眼前的利益而不顾相关要求;未制订有效的安全措施,必将导致惨剧的发生。

【案例 3】触电伤害事故

电焊工贾某和杨某在实习期内进行铁壳点焊同组作业时,发现焊机一段引线圈已断,联系维修电工后,维修电工赵某只找了一段软线交杨某自己更换。杨某换线时,发现焊机一次绕组接线板螺栓松动,使用扳手拧紧(此时贾某不在场),然后试焊几下就离开现场,贾某返回后不了解情况,便开始点焊,只焊了一下就倒在地上。旁边同事立即拉闸断电,但贾某抢救无效最终死亡。

导致事故的直接原因是接线板烧损,绕组与焊机外壳相碰,因而引起短路。同时,事故中三方都违反规定操作是导致事故的主要原因。

一是维修电工赵某失职,擅自将本职工作甩给非专业人员。

二是杨某在电工的要求下自行维修设备,又发现新故障后,没有及时上报,盲目处理,违反操作规程:"电焊机外壳,必须接地良好,其电源的装拆应由电工进行"。

三是贾某明知道设备故障报修,作业前没有按照操作规程:"实施作业前,认真检查焊机和导线线路的安全技术状况,发现问题应立即整改,必须做好焊接的所有工作后方可作业",最终导致惨案。

【案例4】中毒和窒息事故

2012年9月25日上午9时40分左右,南京某炼钢厂发生了一起安全生产事故。负责设备检修的点检员熊某喊来饶某和同事小邵,安排他们检查5号细灰仓。这种装置有三四米高,外观呈圆筒形,口径约2米,底部有32个收集煤灰的布袋。饶某的工作就是进仓检查布袋是否脱落或破损。

9时40分左右,两人在仓顶准备进仓,却发现有不明气体喷出,这是不正常的。饶某当即打电话向熊某汇报,熊某说可能外面阀门没关,小邵又到2层平台关了阀门。之后,小邵与饶某挪开仓顶一个盖子,饶某先下仓,饶某刚攀梯子下到仓里,不到一分钟时间,就听见他喊:"憋气,我快不行了。"细灰仓有3米多深,当时饶某才下了一半,腿勾在梯子上,头朝下挂在那。见情况不妙,小邵赶紧大声呼救。

小邵的呼救声传开,作业长吴师傅跑了过来,但由于不清楚情况,也不敢轻易下去救人。小邵又给在附近作业的饶某的表哥崔某打电话,崔某救人心切,不听劝阻,立刻进入仓内,连喊都没喊一声,就跌下去了。后来吴师傅用麻绳系住腰部,攀着梯子刚进仓,就感觉头发昏,喊工友立即把他拉了上来。小邵与同事小张又赶紧跑去扛来两个氧气瓶,向仓内输氧。这时,5名消防队员赶到,将两人救了上来,紧急送往医院,虽然医生全力抢救,但两人终告不治。

案例中,两名遇难青年工人的死因是进仓后氮气窒息。饶某和小邵发现"不明气体喷出"的异常现象,虽经上报做了相应处理,但未确认气体是否有害、是否排出就展开作业,是违反操作规程之一;熊某作为负责人员,不到现场,未经检查妄下结论,是违反操作规程之二;崔某在已经发生事故的情况下,未做任何保护措施,未采用应急救援设备,盲目施救,未救人又害己,是违反操作规程之三;施救众人在现场已经不具备施救条件的情况下,没有及时申请专业救援,过早采取排气输氧的措施,是违反操作规程之四;另外,按照正常的操作程序,检修前24小时就要抽空仓内氮气,在确保安全的前提下才能进仓,事先准备不足、监察不利、应急不当是违反操作规程之五。

安全要领

一、起重伤害事故

1. 起重伤害事故的主要类型

1)地面用车人员在捆绑工件、物件后,没有及时站在安全区域,盲目指挥起吊,造成人员伤害。

2)被吊物体的棱角未用抹布等物品垫好,直接用钢丝绳吊运,造成钢丝绳因棱角摩擦断裂,将地面人员砸伤或将设备砸坏。

3)被吊物件捆绑不牢固,在吊运过程中发生脱落掉落,将设备砸坏或人员砸伤。

4)地面人员吊运所使用的钢丝绳不符合要求,有破丝断股现象,或者用细绳子吊重物,造成设备损坏或人员伤害。

5）地面多人指挥，戴手套指挥桥式起重机，致使指挥信号不明确，造成设备损坏或人员伤害。

2. 起重伤害事故的防范措施

1）起重机械必须按期由具有检验资质的机构进行检验。

2）起重机械应设有能从地面辨别额定荷重的铭牌，严禁超负荷作业。

3）埋设于建筑物上的安装检修设备或运送物料用吊钩、吊梁等，设计时应考虑必要的安全系数，并在醒目处标出许吊的极限载荷量。

4）桥式起重机应安装以下安全装置并保证良好有效：超载限制器、升降限位器和运行限位器、联锁保护装置、缓冲器、防冲撞装置、轨道端部止挡、登起重机信号装置及门联锁装置等。

5）每班第一次工作前，应认真检查吊具是否完好，并进行负荷试吊，即将额定负荷的重物提升离地面 0.5 米的高度，然后下降以检查起升制动器工作的可靠性。起重机车运行前，应先鸣铃，运行中禁止吊物从人员上方经过。

6）在起重机上，凡是高度不低于 2 米的一切合理作业点，包括进入作业点的配套设施，都应予以防护，设置防护栏杆，并且栏高不低于 1.05 米。

7）起重机械电气设备金属外壳、电线保护金属管、金属结构等按电气安全要求，必须连接成连续的导体，可靠接地（接零），通过车轮和轨道接地（接零）的起重机轨道两端应采取接地或接零保护，轨道的接地电阻及起重机上任何一点的接地电阻均不得大于 4Ω。

8）一般情况下不得使用两台起重机共同起吊同一重物。在特殊情况下，确实需要两台起重机起吊同一重物时，重物及吊具的总重量不得超过较小一台的起吊额定重量的 2 倍，并应有可靠的安全措施，工厂技术负责人须在场监督。

3. 起重伤害事故的处理措施

起重伤害事故的一般处理措施如下：

1）发生事故后，起重司机必须立即停止起重作业，如一般机械事故，无人员受伤，起重司机应保持冷静，在保证安全的情况下，落下重物，停掉电源，立即向上级汇报；如造成人员受伤，应向周围人员呼救，对受伤人员进行正确急救，同时向上级汇报。

2）事故超出现场处置能力时，应立即向管理人员汇报，由主管部门根据实际情况启动相应的应急预案。

3）针对一般机械事故要立即组织人员封锁事故现场，做好警示标识，等待专业维修人员进行处理。

4）人员被压在重物下面，立即采取搬开重物或使用起重工具吊起重物等措施，将受伤人员转移到安全地带，根据实际情况送医院抢救。

5）起重机械的修复应由具有相关资质的人员进行维修，检查正常后方可恢复使用。

起重事故的处理流程如图 4-23 所示。

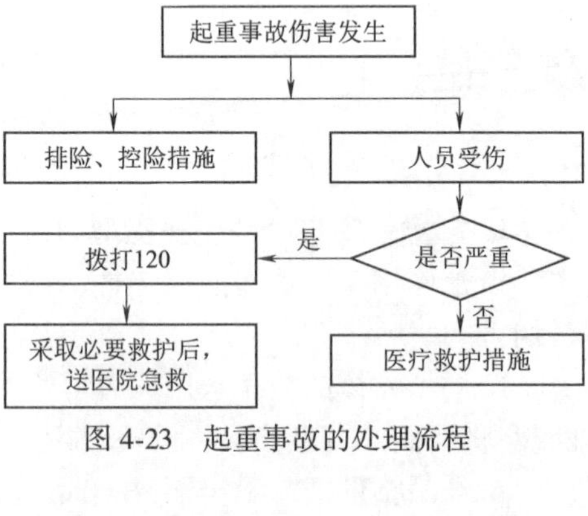

图 4-23　起重事故的处理流程

二、机械伤害事故

1. 机械伤害事故的主要类型

1）机械设备零部件做旋转运动时造成的伤害。例如，机械设备中的轮、带轮、滑轮、卡盘、轴、光杠、丝杠、联轴器等零部件都是做旋转运动的，旋转运动造成人员伤害的主要形式是绞伤和物体打击伤。

生命与安全

2)机械设备的零部件做直线运动时造成的伤害。例如,锻锤、压力机、剪板机的施压部件、牛头刨床的床头,龙门刨床的床面及桥式起重机大、小车和升降机构等,都是做直线运动。做直线运动的零部件造成的伤害事故主要有压伤、砸伤、挤伤。

3)刀具造成的伤害。例如,车床上的车刀、铣床上的铣刀、钻床上的钻头、磨床上的砂轮、锯床上的锯条等都是加工零件用的刀具。刀具在加工零件时造成的伤害主要有烫伤、刺伤、割伤。

4)被加工的零件造成的伤害。机械设备在对零件进行加工的过程中,有可能对人身造成伤害。这类伤害事故主要是被加工零件固定不牢而甩出打伤人,如车床卡盘夹不牢,在旋转时就会将工件甩出伤人。被加工的零件在吊运和装卸过程中,也可能造成砸伤。

5)电气系统造成的伤害。工厂里使用的机械设备,其动力绝大多数是电能,因此,每台机构设备都有自己的电气系统,主要包括电动机、配电箱、开关、按钮、局部照明灯及接零(地)和馈电导线等。电气系统对人的伤害主要是电击。

6)手用工具造成的伤害。

7)其他的伤害。例如,有的机械设备在使用时伴随着发出强光、高温,还有的放出化学能、辐射能,以及尘毒危害物质等,这些对人体都可能造成长期伤害。

2. 机械伤害事故的主要防范措施

1)消除产生危险的原因。

2)减少或消除接触机器危险部件的实训要求。

3)使人们不能接近机械的危险部位(或提供安全装置,使得接近这些部位不会导致伤害)。

4)提供保护装置或防护服。

5)通过培训来提高作业人员辨别危险的能力。

6)通过对机器的重新设计,使危险标示或警示标示更加醒目。

7)通过培训,提高避免伤害的能力。

8)增强采取必要的行动来避免伤害的自觉性。

三、触电伤害事故

1. 触电伤害事故的主要类型

触电是泛指人体触及带电体。触电时电流会对人体造成各种不同程度的伤害。触电事故一般分为两类:一类叫"电击";另一类叫"电伤"。

1)电击是指电流通过人体时所造成的内部伤害。它会破坏人的心脏、呼吸及神经系统的正常工作,甚至危及生命。其根本原因:在低压系统通电电流不大且时间不长的情况下,电流引导起人的心室颤动,是电击致死的主要原因;在通过电流虽较小,但时间较长的情况下,电流会造成人体窒息而导致死亡。绝大部分触电死亡事故都是电击造成的。日常所说的触电事故,基本上多指电击而言。

2)电伤是指电流的热效应、化学效应或机械效应对人体造成的伤害,主要有电弧烧伤(也叫电灼伤)、电烙印、皮肤金属化等。

2. 触电伤害事故的主要防范措施

一般通用的防范措施有:

1)特殊工种需持证上岗。

2)不乱动通电设备。

3）不用湿手触摸开关和电线。

4）电器移动前要切断电源。

5）必须戴绝缘手套和穿绝缘鞋。

6）电器出现问题，应立即通知教师，不要擅自修理。

四、中毒和窒息事故

1. 中毒和窒息事故的主要特点

1）发生地点多为产生有毒有害气体的受限空间。

2）危险、隐患的隐蔽性强，不易发觉。

3）有毒气体的种类很多，相应的应急处理措施也各不相同。

4）出现事故，对应急设备和应急救援知识的专业性要求较高。

5）此类事故具有突发性，通常是一人发生中毒窒息，由于认识不清，抢救的人会接连发生中毒窒息事故，酿成重大伤亡事故。

2. 中毒和窒息事故的主要防范措施

1）有毒作业和有窒息危险岗位的人员，必须进行防毒急救安全知识教育。

2）工作环境（设备、容器、井下、地沟）氧含量必须达到 20% 以上，毒害物质浓度符合国家安全规定时，方能进行工作。

3）在有毒场所作业时，必须佩戴防护用具，必须有专人监护。

4）进入缺氧或有毒气体设备内作业时，应将与其相通的管道加盲板隔绝，并加强工作区域的通风。

5）对于有毒或有窒息危险的岗位，要制订防救措施和设置相应的防护用（器）具。

6）对有毒有害场所的浓度情况，要定期检测，符合国家标准。

7）各类有毒物品和防毒器具必须有专人管理，并定期检查。

8）对生产和散发有毒物质的工艺设备、机动设备，监护仪器（如易燃、易爆气体的报警器）要加强维护，定期检查。

9）发生人员中毒、窒息时，处理及救护要及时正确。

通过阅读学习之前的众多安全事故的案例，我们清楚地看到各行业的特点，各类安全事故的危害，感受到安全是一切工作的入口和基础，牢记遵章守规的重要性。在以后的工作中，能够准确分辨"哪些是危险源、危害因素、隐患点"，掌握岗位注意事项，同时，带头遵守安全管理制度、规定，做优秀职业人的好榜样，从而做到"不伤害自己、不伤害他人、不被他人伤害"。

五、通用安全预防方法

下面我们一起分析发生安全事故的普遍原因，掌握通用的预防方法。

1. 安全事故的普遍原因

造成生产安全事故的原因主要有：人的不安全行为、物的不安全状态、环境的原因和管理上的缺陷。

（1）人的原因

人（操作员工、管理人员和其他有关人员）的不安全行为是引发事故的主要原因。主要包括：

1）未经许可进行操作，忽视安全，忽视警告。

2）冒险作业或高速操作。

3）人为地使安全装置失效。

4）使用不安全设备，用手代替工具进行操作或违章作业。

5）不安全地装载、堆放、组合物体。

6）采取不安全的作业姿势或方位。

7）在有危险的运转设备装置上或在移动的设备上进行工作；不停机，边工作边检修。

8）注意力分散，嬉闹、恐吓等。

（2）物的原因

物包括原料、燃料、动力、设备、工具、成品和半成品等。物的不安全状态有以下几种：

1）设备和装置的结构不良，材料强度不够，零部件磨损和老化。

2）存在危险物和有害物。

3）工作场所的面积狭小或有其他缺陷。

4）安全防护装置失灵。

5）缺乏防护用具和服装或防护用具存在缺陷。

6）物质的堆放、整理有缺陷。

7）工艺过程不合理，作业方法不安全。

物的不安全状态是构成事故的物质基础，没有物的不安全状态，就不可能发生事故。物的不安全状态构成生产中的隐患和危险源，当它满足一定条件时，就会转化为事故。

（3）环境的原因

不安全的环境是引起事故的物质基础，是事故的直接原因，通常包括：

1）自然环境的异常，即岩石、地质、水文和气象等的恶劣变异。

2）生产环境不良，即照明、温度、湿度、通风、采光、噪声、振动、空气质量和颜色等方面的存在缺陷。

以上人的不安全行为、物的不安全状态及环境的恶劣状态都是导致事故发生的直接原因。

2. 安全事故的预防方法

保障安全，预防为主。如何远离隐患，避免安全事故的发生？总体原则是做到"知彼、知己"。

（1）"知彼"

进入工作现场前的基本知识：慎、听、看、问。

慎——谨慎，警惕，小心。

听——听案例，听经验。

看——周边环境安全状况。

问——问岗位职责，问管理经验方，问管理标准。

（2）"知己"

规范个人行为，远离危险，即"让标准成为习惯、让习惯符合标准"。履行"穿、戴、看、听、行、站（坐）、说、做"的规范。

1）穿：根据实训、实习、工作岗位要求穿鞋，如劳保鞋、防砸防穿刺鞋、绝缘鞋等；一些特殊环境，还不能穿硬底皮鞋（容易滑倒），女生不能穿高跟鞋（容易摔跤）。

根据实训、实习和工作岗位的要求穿衣服。男生不能赤膊、不能穿短裤（容易刮伤），不能穿喇叭裤（容易绊倒）等；女生不能穿裙子（容易被物体挂住）。

符合实训、实习和工作岗位的穿衣标准：衣服纽扣必须系好，不能披在身上或敞开上衣（容易被物体挂住），领口、袖口、下摆等位置紧凑妥当，不佩戴多余的饰品等。

2）戴：进入工作现场必须按规定正确穿戴安全帽、护目镜、防护手套等。

3）看：进入工作现场要眼观六路。前、后、左、右、上、下都要看清，避开危险源，同时为遇到突发事故时找到避让的地方；必须先观察后避让，盲目避让有时会造成更大的伤害；对现场环境要先观察后进入，不能盲目地进入自己不熟悉的环境。

4）听：进入施工现场，头脑必须清醒，在专心做事的同时要保持安全警惕；要做到"一心二用"，做好当前工作的同时，注意周围环境的变化；不管在现场做任何事情，都要倾听周围的声音，如有异常响声或别人发出的安全警告，都要第一时间做出反应——迅速观察周围环境，立即避让。

5）行：注意避让施工车辆；走路时双手不能插在裤子或衣服口袋内，也不能双手抱在胸前或搭在背后；不要去踩支撑部件、活动部件、不平整地面和不熟悉地面等；注意远离有垂直落差的边缘、陡坡，避让铁屑、钉子等锋锐物体；不能随意攀爬围挡或翻越防护栏杆等安全设施；要注意脚下堆置摆放的物品绊脚及与头部差不多高的横杆等碰头，特别是在光线比较暗的地方，要仔细观察脚下有无陷阱；无工作需要时不要轻易进入生产加工类现场，因为此类环境中机电设备较多，工作环境复杂，非专业人员进入危险性较高。

6）站（坐）：进入工作现场，原则上不要长期站在一个地方不动；原则上不能在工作现场坐下休息，更不能把安全帽、仪器箱和工具等当凳子坐；要站在设备回转或直线运动的工作行程安全线以外；不能站在悬吊物下方、装卸料平台下方及大型设备旁边等地方，容易发生高空落物伤人；不能背对运转的设备，更不能背对危险源站立。

7）说：在工作现场，非紧急情况不能大声喊话；在现场与人交谈，不能随意开玩笑，不能带口头禅，不用粗暴的命令式口气；当别人背对你或正在认真做事情时，不能高声惊吓；交流工作时，使用规范的专业用语。

8）做：专业的人做专业的事。非专业的人员、不具备操作证的人员，严禁动用专业设备。

练习展示

1. 学习化工制药专业的小华，在一次化学实验中，不小心将中等浓度的硫酸泼洒到同组同学小军的手臂上，作为实验安全员的你，请帮助他做现场应急处理。

2. 职业人都知道需要取得相应的资格证后才能上岗。小山是汽车修理专业三年级的学生，低年级的学弟家里是做汽车修理生意的，一次找小山教自己操作汽修设备，小山以学弟还没有开始专业学习训练为由拒绝了，并告诉他："专业的人做专业的事。"可是学弟嘀咕着抱怨："你不也还没有取得资格证书呢嘛，在学校里为什么可以进行实训？"如果你是小山，应该怎么跟学弟解释，提高他的安全意识？

3. 大国是物流专业的学生，最后一个学期在一家公司顶岗实习。一天，在开叉车装载了货物以后，他的师傅老李叫住他，要"搭个便车"。结果，在车子急拐弯的时候，站在货叉上的老李因惯性滑倒，被倒下的货物砸伤左脚。大国应该采取哪些应急处理措施？又该如何避免再次发生这样的事故呢？

第五单元 人身安全

● 训练要点

本单元包括养成健康的生活习惯、交际安全、保护好自己的身体、预防校园暴力犯罪、女生的自我防护五个任务,通过真实的案例分析,指导同学们学习保护个人人身安全的知识,掌握相关的安全技能。

1. 加强身体锻炼,为今后的学习和工作打下坚实的基础。
2. 掌握在人际交往中的技能,学会自我保护。
3. 学会紧急情况下的求救求生手段。
4. 女同学学会自我保护。

● 素养要求

通过本单元的学习,达到以下素养目标:

1. 树立自我保护意识,在交往过程中保护好自己。
2. 看到自己的长处,树立自信心。
3. 学习一些法律法规,知法、守法,培养基本的法律意识。

任务一　养成健康的生活习惯

随着我国经济的不断发展，人们的生活条件也越来越好，加上学习压力较大，在家里父母把日常生活都安排好了，基本不用操心，许多同学可以"衣来伸手，饭来张口"。当同学们来到新的学校面对新的环境，事事需要自己打理时，就要学会很多东西，但也容易沾染不良习气。在学校的集体生活中，首先要学会适应，注重培养各种良好的习惯，尤其是科学健康的生活习惯。同学们现在所处的年龄段，正是养成科学健康生活习惯的关键时期。而养成良好的习惯，就要从大处着眼、小事做起。在校这几年所养成的学习习惯和生活方式，不但直接关系到自己的学业能否顺利完成，还会对今后的生活质量产生深远的影响。同学们应该始终保持奋发有为的精神状态，认真学习，锤炼技能，坚信"只能靠自己才能闯出一片天""付出就有回报""爱拼才会赢"，为今后更好的工作、学习、生活打下坚实的基础。

健康生活谣

早睡早起身体好，物摆整齐被叠方。
抓紧收拾快着装，刷牙洗脸疾病防。
一日之计在于晨，读书锻炼好时光。
珍惜粮食节约水，社会资源不浪费。
烟酒赌博不良网，害人害己芳华误。
谈情说爱还太早，耽误前程易受伤。
有了萌动巧收藏，化为动力求向上。
多为集体常着想，讲究奉献多争光。
环境保护要提倡，垃圾废物丢入箱。
地面干净空气好，走在路上心舒畅。
不比吃穿比技能，艰苦朴素要发扬。
比比学习与进步，尊敬师长我最强。
讲究诚信不撒谎，关心他人爱帮忙。
团队合作友谊长，自强自立本领强。
胸怀大志有理想，珍惜每寸好时光。

【案例1】近年来，学校在军训过程中，学生晕倒甚至因此死亡的事故屡有发生。"报告教官，我不行了。"一名女同学脸色苍白、双脚无力、声音微弱。"报告，有人晕倒。"过了几分钟，又有一名同学被抬出操场。这是发生在某学校新生军训首日的真实一幕，短短半小时内，参训的2000余名新生中，就有几十名学生晕厥。军训现场学生晕倒的场景已不鲜见，不过，这次晕倒这么多学生，着实令人惊讶。

近年来学生军训晕倒、猝死现象屡见报端。虽然猝死还属个案，不应以偏概全，但学生体育锻炼严重不足,体质普遍下降。为什么会这样呢? 这首先是因为如今物质生活丰富,孩子们挑三拣四,这也不吃那也不吃,爱吃垃圾食品,有的还得了"厌食症";其次,缺乏体育锻炼,衣来伸手,饭来张口,家长包办了他们的"劳动";最后,学习任务繁重,作业太多,学生压力过大,没时间锻炼,体育课也形同虚设。放假了家长又要孩子们补课,学这学那。冰冻三尺非一日之寒,长此以往,学生们的体质下降也就不足为奇了。

同学们现在来到职业学校,课业压力不是很大,正是均衡发展的好时机,应该把体育锻炼这块短板补上。

【案例2】方同学是某校的一名新生。父母为她上学准备的衣服都是在商场的专柜购买的,总共花了5000多元。方同学说,除了这些衣服之外,手机、笔记本电脑也是她上学前就已经买好了的。女生的主要花销都在服装上,男生的钱大多消费在电子产品上。李同学在开学前除了准备了几双名牌的球鞋和球衣之外,花销最多的就是电子产品,一台笔记本电脑、一台平板电脑、一部新上市的智能手机,这些电子产品一共花了近2万元。调查发现,这些喜欢追求高消费的学生群体中,家庭条件也并非全部都很殷实,许多家长都是工薪族或靠务农供孩子上学的。有学生家长反映,孩子平时在吃穿上爱和同学攀比,追逐名牌,家长不给买就发脾气,甚至以绝食相要挟,家长担心因此影响孩子的学习就只能妥协,为此全家人都很苦恼。

案例分析:同学们大多是第一次真正离开父母,开始过独立的生活。手上有了父母给的足够多的生活费,第一次掌握这么多现金,真的很令人兴奋。在消费时,就不怎么考虑是否必需,是否有用。因此,为了满足自身的各种需要而过度消费的现象与日俱增。频繁换手机、同学过生日、男同学吸烟饮酒、赶时髦买高档服装、谈恋爱……屡见不鲜。在互相攀比、盲目跟风的心理驱使下,导致入不敷出,寅吃卯粮。有的同学羞于再向家长伸手,就去向同学借或去贷款。更有甚者,堕入"校园贷""裸贷"的陷阱不能自拔。

除学生自身的原因外,家长的娇惯和纵容也是造成过度追求享受消费的主要原因。随着居民收入的不断提高,家庭条件日渐宽裕,许多家长想方设法地满足孩子的购买欲,纵容孩子追求物质享受。许多学生表示,他们购买衣服和学习用品的钱都是父母给的。作为家长,虽然心疼钱,但又不愿意委屈孩子,只好满足,无非就是自己省着点。

【案例3】蒋某,农家独生子,妈妈在他很小的时候离家出走。他喜欢打乒乓球、玩手机,较有个性,有些与众不同的想法;脾气不太好,很冲,而且有些不良习惯,如迟到、经常不写作业、不打扫卫生、还喜欢跟同学打闹、动不动出口伤人、情绪无常。进入职业学校学习后,只要上课,他都有问题发生,但在他看来似乎是老师故意跟他过不去;师生关系不够和谐,他对老师的抵触情绪比较严重。老师们也不明白,作为一个快成年的学生和接受完九年义务教育的学生,为什么对学校教育如此抵触?

首先,蒋某的逆反心理是一种正常的成长规律。从生理上讲,由于中职生生长迅速、身高体重接近成人、学业压力小、精力充沛,容易产生成人感,希望与成年人平等相处,希望心理上的断乳。然而,他们的需求容易被成人所忽视或漠视,所以,逆反心理自然容易滋生蔓延。

其次,蒋某逆反心理的产生诱因主要有三个:

(1)标新立异

为了追求心理上自我肯定的满足感,他往往表现出某种偏执,有意标新立异,以引起别人的注意。

（2）态度上的对立

很多学生的逆反不是针对某件事本身，而是来自于老师安排这件事的态度和方式方法，让学生产生逆反情绪，主要以"管、卡、压"的方式要求学生，这对中职生来说无疑是一种催化剂。

（3）家庭因素

蒋某从小由爷爷奶奶带大，两位老人百般溺爱，百般迁就。由于母爱的缺失，蒋某感情淡漠、情绪不稳定，易暴易怒且听不进老师的批评教育，行为上有点放任自流，自卑感严重，生活和学习都没有良好的习惯。

到陌生的环境如何迅速调整心理

第一，要做好心理上的调整。对新环境的不适应，集中表现为心理上的不适应。医治孤独的良药是交往，只有置身于人际交往之中，把自己逐渐融于新的群体之中，打开心灵的闸门，以真诚换取他人的信任，才能在相互沟通中建立起新的友谊。学会心理上的自我调节，是一个人成熟的重要标志。只有学会自我解脱、自我宽慰，靠自己的努力转移不良情绪，才能使你在心理上尽快适应新环境。第二，要主动调整生活节奏。要适应新的环境的作息，做到"什么时候做什么事"。第三，要增强角色意识。要认识到自己已经是新环境的一员，想问题、办事情要基于新身份去思考、去做。第四，与周围人和谐相处，尤其是尽快尽可能多地认识和了解周围的人，与他们建立良好的关系。

安全要领

养成健康的习惯

我们应当在学校养成健康的生活习惯，主要从以下几个方面来做：

1）按照学校规定的作息时间作息，不熬夜、保证睡眠，精力充沛，生活有规律。根据季节冷暖变化，适时增减衣物；勤换洗衣物，勤洗澡；仪容、着装打扮要符合学生身份。

2）加强体育锻炼。保质保量地上好两操一课，掌握一两项体育运动技能，坚持每天进行户外活动，多接触阳光，课间10分钟应离开座位多活动。

3）参加军训或上体育课时，确实不舒服，一定要马上报告给教官或老师，及时就医，以免耽误治疗的最佳时机。

4）不要沉迷于手机、计算机等电子产品中，可以给自己限定时间。每天玩手机、打游戏、用计算机的时间不要超过2小时。尤其是晚上就寝之后，不要长时间玩手机，否则将严重影响视力。

5）不吸烟，不饮酒。劝阻他人吸烟，拒绝吸二手烟，不饮酒及含有酒精的饮料。

生命与安全

6)合理饮食,营养均衡,不暴饮暴食;多喝开水,不喝生水,不喝或少喝饮料(尤其是碳酸饮料和含酒精的饮料),不吃或少吃零食,拒绝垃圾食品;注意卫生,少吃路边摊。健康饮食金字塔如图5-1所示。

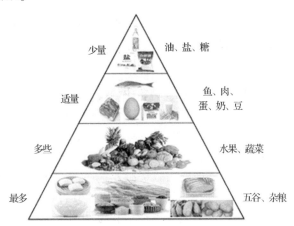

图 5-1　健康饮食金字塔

7)花钱有计划、有节制、不攀比,体谅父母挣钱不易,合理消费,适度消费。同学们还是一个纯消费者,手里的钱都是父母给的生活费,来之不易。要量入为出,不要相互攀比,盲目追求名牌和高消费。要懂得对幸福的追求应通过自己的奋斗去获得。

8)要学会理财,俗话说"你不理财,财不理你"。我们虽然手里钱不多,也要学会有计划地使用,应该本着必要、够用、实用的原则。另外,可以尝试着记账,把自己每一笔支出都详细记录下来,月底进行分析,有哪些是必要的,哪些是可以节省下来的。长期坚持,会让你的消费更加理性。

9)树立信心,多看到自己的长处,因为每一个人都是在用长处做事。多参加一些课外活动,认真准备,锻炼自己。同时也要看到别人的长处,和别人要合作,共同解决一些困难。没有完美的个人,只有完美的团队。

10)遇到不开心的事情,要学会自我调节和自我排遣。可以找同学、老师或父母倾诉,不要闷在心里。和同学之间互谅互让,有矛盾,要先控制自己的情绪,不要放纵自己的不良情绪,学会控制冲突。要平心静气地与人沟通,把事情说明白。不要带着情绪,因为沟通的三分是内容,七分是情绪,情绪会影响沟通的效果。

练习展示

1. 学习一些简单的体育技能,如定点投篮、定点射门、打乒乓球等。

2. 向父母了解一下家庭的收支情况,做到心中有数,对自己的生活费做一下计划。从现在起,开始记录每天的支出,列出明细,哪怕是只花了一元钱。月末汇总,分析消费支出的情况,养成习惯。

3. 找一找自己的优点和不足。拿出一张纸,分成两个部分,一部分写优点,另一部分写不足。可以尝试找出不少于20条的优点,不要放弃。做完之后,你是不是对自己有了更新的认识?

任务二　交际安全

开篇分享

马克思说过:人是一切社会关系的总和。人是社会中的人,人的社会属性才是人的根本属性。每一个人都要和别人打交道,人际交往是每一个人正常的情感需求。21 世纪的教育对学生成长可以概括为四点要求:学会求知,学会做事,学会共处,学会做人。这四个要求无论从哪一点上说,都离不开人际交往,在求知的过程中与老师、同学交往,在做事的时候与相关人员交往。学会共处与学会做人则更加直接地说明了交往在人一生中的重要性。一个不会交往的人,很难说是一个成功的人。现在是网络社会,各种新型社交媒体非常发达,一方面给人们带来了很大的便利,另一方面由于难辨对方真伪,各种侵财、失联等案件屡见报端。青少年由于年龄小,社会经验不足,缺乏防范意识和能力,在社会交往中处于弱势,容易成为不法侵害的对象。那么,在交往中要掌握哪些技巧和方法呢? 又怎样在人际交往中保护好自己的安全呢? 遇到危险或紧急情况又该如何自救自护呢?

自救自护歌

各位同学要注意,歌厅舞厅不能去。
黑黄赌毒切莫沾,自觉抵制保平安。
骗子行骗多伪装,提高警惕不上当。
花季少女应自重,自卫本领记心间。
封建迷信要抵制,学习科学长知识。
出门乘坐正规车,贪图便宜有危机。
户外旅游好处多,自我保护防不测。
集体活动要参加,保证安全不能落。
水中畅游乐陶陶,急救知识应记牢。
陌生场所细观察,安全出口要知道。
危险游戏不可取,出格玩笑不能开。
游乐场里设施齐,安全可靠才能坐。
体育运动好处多,动作要领要掌握。
受了外伤防感染,学会自救抢时间。
有人尾随甩掉他,以智取胜是关键。
身处险境不害怕,沉着冷静要报警。
面对歹徒不畏惧,身受侵害应自卫。
人际交往范围广,结交朋友要慎重。

案例分析

【案例1】2014 年 10 月 21 日上午,最高人民法院公布"被告人肖克臣绑架、强奸案"等 7起通过网络实施的侵犯妇女、未成年人等犯罪典型案例。其中,备受关注的是"少女见微信网友惨遭绑架强奸"一案。2013 年 6 月 13 日晚,肖克臣以外出游玩为名,将通过手机微信"摇一摇"结识的被害人梁某(女,时年 15 岁)骗出后,与肖生坤一起将梁某骗至租赁房屋内。二人持美工刀威吓并用胶带捆绑梁某,肖生坤从梁某的手提包内搜得现金 350 元、小米手机 1 部。其间,肖克臣强行奸淫了梁某。尔后,两人打电话联系梁某的母亲,索得赎金 2 万元后即逃离现场。

案例分析:平时在网络上聊天的大多是年轻人,而年轻人的特点就是好奇心强、防范意识弱,容易轻信他人上当受骗。此外,网络具有公共性、匿名性、便捷性等特点,网络交友成为不法分子实施犯罪的新平台,青少年缺乏防范意识和能力,往往容易成为不法侵害的对象。在最高法通报的 7 起典型案例中,有 4 起案件的被害人均是通过 QQ 或微信结识被告人的。有 4 个被害人均是孤身赴约。此外,受害者多是年轻女性,甚至还有未成年人。其中,3 起案件的被害人均是年轻女孩,她们或被绑架、强奸,或被绑架、杀害,或被抢劫、强奸,事后还被拍裸照。这些真实的案例警示我们,网络交友要保持警惕,不要轻信陌生人,特别是青少年和年轻女性,要提高防范意识和能力。

【案例 2】湖北省某职业学校两名同学因口角发生矛盾,便打了起来,两人都不服输,决定到校外再一比高低。其中一人给他的同学罗某和田某打电话,要求他们带"家伙"去教训对方。罗某和田某出于"哥们义气",就各拿砍刀、钢管走出校门,幸亏民警及时赶到,将这两人当场控制,阻止事态扩大。

案例分析:俗话说"忍一时风平浪静,退一步海阔天空"。这就是说人与人之间交往要宽容,要互相谅解。案例 2 中的两名同学只是因为口角,一言不合就找人打架。同学之间发生小摩擦很正常,此时要克制自己的情绪,多想想自己的不足之处。宽容别人,宽容是什么?是宽大与容许,严于律己,宽以待人,不要把自己的想法强加给对方。包容对方的缺点、不足,容许对方不同的性格存在。

友谊和"哥们义气"有着本质的区别。"哥们义气"源于江湖义气,容易为"哥们"的私利而失去原则,不辨是非。友谊则不同,是有原则、有界限的,友谊不能违反法律,不能违背社会公德。诚然,友谊需要互相理解和帮助,需要义气,但这种义气是讲原则的,如果不辨是非地为"朋友"两肋插刀,甚至不计后果,不负责任地迎合朋友的不正当需要,这不是真正的友谊,这样只会害人害己。案例中,罗某和田某出于"哥们义气"不问是非,替人出头,无助于事情的解决,一定会付出代价。

安全要领

一、处理好人际关系的策略

我们每一个人都渴望被人关注,受人尊重,身边有要好的朋友。而实际交往中,却往往事与愿违。要想处理好人际关系,仅凭主观热情是不够的,还要讲求一定的策略、方法。

1)在交往过程中不要一味地付出。在心理学上有一种社会交换原则,人们总是希望得到的不少于付出的,如果付出的多于得到的,人们心理上就会不平衡,反之亦然。为保持付出和得到的关系平衡,人们总是要知恩图报的。如果你的付出太多,使人觉得无法回报或没有机会回报时,就会形成一种无形的压力,这种压力就会导致受到恩惠的一方选择冷淡或疏远。

2)主动交往,千万不要自卑退缩。即使是集体中最孤僻的人,他的内心深处也渴望与人交往。人不能主动交往,主要原因是在交往过程中缺乏自信。所以,首先要树立信心,不畏一时的挫折,并且要找到自己的优点,给自己恰如其分的评价。任何人都不能奢望友谊找上门来,任何事情你不去争取,都不能轻易得到,友谊也是如此。

3) 观察大家的共同话题和兴趣。每个人的个性不同,兴趣也不同,要融入这个群体,就应该寻找大家共同的话题,并积极参与进去。

4) 在和大家交往中寻找价值观较为接近的人成为好朋友;善意地欣赏别人,多看到别人的优点。

5) 帮助别人。我们一般都有这样的体验:当自己遇到困难需要帮助的时候,此时如果有人来帮助自己,那么我们肯定对人家感激不尽,以后见面显得格外亲近,从此就建立了友谊。以后如果对方有困难的时候,你一定会主动帮忙。帮助,不仅是解决困难上的协助和物质上的支持,而且也包括感情上的支持、对痛苦的分担、观点上的赞同及提供建设性的意见。帮助别人是一种美德,也是建立深厚友谊的基础,因此,如果你是一个乐于帮助别人的人,你一定会赢得真正的朋友和友谊。

6) 学会拒绝别人,拒绝别人不正当的要求,坚决不与坏人坏事同流合污。例如,朋友让我们去打群架、赌博、去不适合学生去的场所等,我们坚决不要去,并劝说朋友也不要去。人际交往中,明确、正当地拒绝比说谎、比表面一套背后一套好得多。

7) 与普通人的交往,对方不是你的朋友,也许不认识,只要彬彬有礼就可以了。做不到彬彬有礼,那么不发生冲突是可以做到的。

二、处理好网络交际关系的策略

1. 不要轻信网络上的虚假信息

网络在给人们的生产和生活带来便利的同时,QQ、微信等聊天工具也给不法之徒实施犯罪带来了可乘之机。学生们涉世未深,尤其容易被犯罪分子通过 QQ、微信这种虚拟的通信方式编造的谎言所欺骗、蒙蔽。相关案件频发,提醒我们,不能轻信通过网络结识的人员,不能在网络上透漏个人信息,更不能孤身和网友见面。

在通过网络进行社交活动、开展经济往来时,一定要有依法参与网络行为的法治意识,更要增强依法保护自身权益的防范意识,只有强化了法治意识和自我保护意识,才可能使网络的便捷变成现实社会中实实在在的便利,才可能让网络丰富现实生活。

请同学们注意,一定不要把网友的性格和现实弄混,网友在网上的性格可以伪装。一个性格温良、为人正直的人,有可能在网上变得玩世不恭;而一个猥琐、精神变态的人,有可能在网上表现出一副温柔体贴、温文尔雅的样子。

2. 与网友见面的注意事项

我们经常可以在新闻中看到:有女生见网友,大呼上当,有的被骗钱,有的被骗色,更有甚者,会危及生命。其实,只要女生见网友,多注意一些,就不会上当受骗。

见网友之前,一定把自己去的地点和去多长时间告诉父母或老师,如果遇到不法侵害,以便及时求助或直接报警。见网友的地点要选择自己熟悉的地点,如果不熟悉,要尽量选人多的地方,如商场、车站。见网友时的打扮要尽量朴素,不过分注重衣着打扮,不显露钱财和贵重首饰。见面后,五种地方不能去:公园、酒吧(或迪厅、KTV)、网吧、宾馆和对方所谓的住所。见面后吃饭要 AA 制,不喝含酒精的饮品及对方准备好的饮料,要保持距离,说话时不能毫无保留。

总之,要注意网友的一举一动,如果是骗子,他一定会想办法让你去某一个地方,所有你不熟悉的地方都不能去,尤其要防止被骗入传销组织或人身受到不法侵害。另外,也不能透露任何关于你自己和家人的真实信息。

传销"拉人"最常用的三种手段

说起传销,很多同学都听说过"一人传销,全家遭殃"。传销在"拉人"(即发展下线)的过程中,经常会用到一些手段让普通人中招。如果你的同学、朋友突然这样联系你,你可要提高警惕了。

1. 介绍工作

如果有一位你很久没联系过的朋友或同学,突然有一天说给你介绍个"好"工作,你就要注意了。他们会跟你说,介绍的这份工作工资有多么高,待遇有多么好,然后把你诱骗过去。

2. 准备开店或开厂,请你过来看

传销人员一般都是找亲朋好友下手,是因为对方非常信任自己。他们喜欢用自己开厂或开店的借口,把你诱骗到某地,然后你到了之后,传销团伙就会把你控制住,失去人身自由。

3. 网恋

现在的传销人员还常用网恋的方式诱骗一些年轻人落入圈套。如果你在网上交了一位"谈得来"的异性朋友,她(他)让你去找她(他),你可千万要当心了,小心中了传销的招。

传销牟取非法利益,扰乱经济秩序,影响社会稳定,危害具大,在我国属于违法行为。传销一方面以欺骗为直接手段,严重危害人与人之间的信任资源。传销活动参与者多有相同的经历,就是被亲戚朋友以介绍工作为名,骗到外地从事非法传销活动,最后往往是许多人妻离子散,家破人亡。另一方面,传销让有的人因"洗脑"过分投入,精神接近崩溃边缘。传销的这种"洗脑",让人不以欺骗为辱,反以此为荣。经过传销培训的一些人,即便传销组织被取缔,不再从事传销,但他们已经没有了做不道德事时的内疚感,变得极端自私,唯利是图。这样的人越多,对社会秩序的影响也就越大。

第五单元 人身安全

练习展示

1. 小李是某校女生,最近跟一名男性"网红"通过 QQ 聊得非常投机,他们约定周六由"网红"开车接小李去郊外的水库游玩。你对小李在安全方面有什么好的建议吗?

2. 你的同学小刘是一位性格直爽的男生,他把自己的微信头像设置为自己的照片,微信名字也是真实名字,有人加好友也是"来者不拒"。你觉得这样有什么不妥吗?

3. 查阅《中华人民共和国治安管理处罚法》,讲述"不良行为"和"严重的不良行为"的规定,有则改之,无则加勉。查阅《中华人民共和国刑法》,了解刑事责任年龄。

任务三　保护好自己的身体

开篇分享

　　中职学生大多是未成年人,由于年纪尚小而自我保护能力较弱。我们每个人都生活在一定的社会环境里,虽然在家有家长的保护、在学校有老师的保护、在社会上有国家法律的保护,但是不能完全依靠这些。更重要的是自己不断提高识别风险、自我保护的意识,学会自我保护的技巧和方法,在危险来临时,能够有效地保护好自己的安全。

防溺水歌

夏天游泳防溺水,安全牢牢记在心。
河沟水库和池塘,千万不能随意走。
水深沟底乱草生,学会游泳不逞强。
一旦发生溺水事,大喊救命没人听。
不会游泳更可怕,稍不留神把命扔。
一人游泳很危险,不去深水要记清。
游前热身做预备,弯腰踢腿把手伸。
水中如有不适感,赶紧上岸来放松。
防溺措施要知道,不可骄傲不逞能。
游泳就去游泳馆,安全清洁更轻松。

案例分析

　　【案例1】暑假里,晓莹与同学赵兰去游泳。到了游泳池,晓莹换上泳装,草草冲了下淋浴便跳进了泳池。赵兰则冲淋浴、做操、活动身体。等到晓莹游完50米,她才下水。在游第2个50米时,晓莹感觉不对劲了,她的小腿越来越沉,开始抽筋,最后小腿竟伸不能伸、屈不能屈,疼得她侧身抓住池壁,被赵兰扶上了岸。晓莹的腿经过按摩之后,才恢复正常。

　　案例分析:游泳是广大青少年喜爱的体育锻炼项目之一。然而,不做好准备、缺少安全防范意识、遇到意外时慌张、不能沉着自救,极易发生溺水伤亡事故。每年一到暑假,溺水伤亡事件就频繁发生,不能不引起我们的高度重视。因此,不要独自一人外出游泳,更不要到不熟悉水情或比较危险的地方去游泳;下水之前,一定要做好准备活动;游泳过程中,一旦身体不适应立即上岸休息。案例中的晓莹就是准备活动不足,没有做好充分的热身,险些发生危险。

　　【案例2】国庆期间,几个大学生外出野营。由于贪恋山中景色,加上带有冒险心理,他们向山里越走越深,渐渐辨不清方向了。大家开始并不在意,但随着夜幕的降临,依旧在崎岖的山间寻找路途,心里渐渐发慌。小林要大家别着急,先找到方向再说。可是四周都是大山、丛林,天又下起了雨,方向难辨,又湿又冷。大家只好找了个山洞暂时避雨。这样,一夜过去了。

第二天清晨,雨虽然小了,但阴沉的天气使大家不知道太阳是在哪个方向,凭记忆寻找的山路,转来转去又回到了原地。小林想起了曾听军事院校的同学讲过的一些野外生存、求救的方法,便带两个人在山顶用松枝燃起了火,火着了以后,把青草盖在了上面,顿时,白色的烟雾向上升腾。他们连着两天用这种办法求救,终于被救援人员发现,脱离了险境。

案例分析:如今,旅游成为一种时尚,周末假期,天气晴好,或三五成群,或只身前往,似乎随时都可以来一场说走就走的旅行,亲近自然,拥抱自然。像登山、攀岩、野外露营、野炊、探险等户外运动项目也参与者众多。户外休闲运动中多数带有探险性,具有很大的挑战性。野外生存环境很恶劣,人迹罕至,各种危险随时都会降临。所以,我们应掌握一定的野外求生技能,这是很重要的。

案例中的大学生出于好奇,深入险境,一筹莫展。幸好小林沉着冷静,想出办法,发出求救信号,最终获救。但是回头想一想,后果是非常严重的。近些年,新闻时常报道驴友们去未经开发的大山里遇险的事情,虽然大多获救,但不幸遇难的也时有发生。所以,不熟悉的地方坚决不要去,尤其不能孤身一人前往。

【案例3】初三学生小强在放学途中和同学发生冲突,一个叫陈某的少年恰好路过,帮小强打跑了对方。小强非常高兴,请陈某吃了一顿饭。但是陈某并没有满足,分手时,他拍了拍小强的肩膀说:"以后就由我罩着你,谁欺负你,你尽管告诉我,我来修理他。但你每天要给我 10 元钱的保护费。"小强听了大吃一惊:"我没有那么多钱。"陈某立刻变了脸色:"你敢不给,我见你一次打一次。"小强胆怯地答应了。

小强身上并没有什么零花钱,每天父母只给他 10 元钱的午饭钱,以后他便将这 10 元钱交给陈某,自己中午只能喝点水。持续了很长时间,直到父母发现孩子越来越瘦,也越来越沉默,在父母的再三追问,小强才说出原委,爸爸妈妈心疼地掉下了眼泪。

案例分析:校园及周边抢劫、敲诈勒索案件有以下几个共同特点:

1)案发时间:晚上或午间,人少安静的时候。

2)案发地点:校园及周边比较偏僻的地段。

3)抢劫对象:阴暗处的人或单个的行人。

4)攻击目标:现金和贵重物品。

5)作案范围:比较熟悉的现场。

6)作案特点:比较凶残,常携带凶器。

安全要领

一、发生溺水的应对措施

1. 同伴溺水

1)要大声呼叫成年人前来救人。因青少年力气小,即便是水性好,在水中救人也很困难。

2)要救人,最好携带救生圈、木板等漂浮物。要注意,不要被落水者紧紧抱住,否则会双双下沉。

3)也可在岸边用长竹竿或绳子投向落水者,让他抓住,拉上岸,协助其自救。

4)岸上抢救。让溺水者平躺,头偏向一侧,协助其将口、鼻内的泥沙和水吐出来。假如呼吸很微弱或已经呼吸停止,在拨打120急救电话的同时,要马上做心肺复苏,帮助心脏恢复跳动。经过20~30分钟的抢救,也许溺水者会醒过来,眨眨眼睛或出现微弱的喘气。

2. 自救

一定要保持镇静,积极自救:如果呛了水,首先要张大嘴,做深呼吸,哪怕喝上几口水,不能用鼻子喘气。

1)不熟悉水性者的自救方法:除呼救外,取仰卧位,头部向后,使鼻子可露出水面呼吸。呼气要浅,吸气要深。因为深吸气时,人体比重降到比水略轻,可浮出水面,此时千万不要将手臂上举乱扑动。

2)水中抽筋的自救法:抽筋的主要部位是小腿和大腿,有时手指、脚趾等部位也会抽筋。若因水温过低而发生腿抽筋,则可使身体成仰卧姿势。用手握住抽筋腿的脚趾,用力向上拉,使抽筋腿伸直,并用另一条腿踩水,另一只手划水,帮助身体上浮,这样连续多次即可恢复正常,上岸后进行按摩。两手抽筋时,应迅速握紧拳头,再用力伸直,反复多次,直至复原。上腹部肌肉抽筋,可掐脐上四寸(1 寸≈3.33 厘米)处,还可仰卧水里,把双腿向腹壁弯收,再行伸直,重复几次。抽过筋后,改用其他游泳姿势游回岸边。如果不得不用同一种游泳姿势时,就要提防再次抽筋。

3. 疲劳过度的自救法

1)觉得寒冷或疲劳,应马上游回岸边。如果离岸甚远或因过度疲乏而不能立即回岸,就仰浮在水上以保留力气。

2)举起一只手,放松身体,让对方拯救。不要紧抱着拯救者不放。

3)如果没有人来施救,就继续浮在水上,等到体力恢复后再游回岸边。

二、登山的安全要领

1. 登山时的注意事项

登山对人的身心健康大有好处,但也潜伏着一定危险。为了保证安全,应该做到:

1)登山时有老师或家长带领,要集体行动。

2)慎重选择登山地点。要向附近居民了解清楚当地的地理环境和天气变化的情况,选择一条安全的登山路线,并做好标记,防止迷路。

3)备好运动鞋、绳索、干粮和水。在夏季,一定要带足水,因为登山会出汗,如果不补充足够的水分,容易发生虚脱、中暑。而野外的天然山泉水等由于没有消毒、净化处理,即使看上去很清澈,也不能直接饮用。

4)最好随身携带急救药品,如云南白药、止血绷带等,以便在发生摔伤、碰伤、扭伤时派上用场。

5)登山时间最好选择早晨或上午,午后应该下山返回驻地。

6)背包不要手提,要背在双肩,以便于双手抓攀。

2. 野外遇险时的应对方法

一旦野外遇险,可以运用下列方法应对:

1)国际通用的求救信号可选择通过声响、烟雾或光照发出。

2)在夜间,可以用火堆求救。黑夜里的火堆很容易被救援人员在第一时间发现。

3）在白天，烟雾是良好的定位器。火堆上添加些绿草、树叶、苔藓和蕨类植物等潮湿的燃料都会产生浓烟，浓烟升空后与周围环境形成强烈的对比，易被人注意。

4）可以用树枝、石块或衣服等物品在空地上做出 SOS 标记（国际通用的求救信号），字要尽可能大。

5）体示信号。当看见或听见救援人员较近时，双手大幅度挥舞与周围环境颜色反差较大的衣物，并大声呼喊。

6）反光信号。利用阳光和一个反射镜即可射出信号光。任何明亮的材料都可利用，如手表、罐头盒盖、玻璃、一片金属，有镜子当然更理想。持续的反射将规律性地产生一条长线和一个圆点，从而引人注意。

7）声音信号。如果与救援人员隔得较近，可大声呼喊或用木棒敲打树干，有救生哨会更好，三短三长再三短，间隔 1 分钟之后再重复。

野外山泉水不能随便喝

当我们到空气清新的大自然中旅行时，在放松身心的同时，不少人会忍不住喝上一口山泉水或装上一壶带回家。其实，这样的行为非常不妥。卫生检疫部门曾对一些看似纯净、天然无污染的山泉水进行检测，发现许多未经任何处理的山泉水里存在酸度超标、重金属超标或含有害物质。检测发现，山泉水不仅不能直接饮用，而且即使是用山泉水洗脸，也有被寄生虫入侵的风险。所以，看来与大自然保持适当距离还是有好处的。

三、遭遇歹徒时远离危险的做法

在遭遇歹徒时，应利用身边的一切条件躲避、抵挡和保护人身安全。具体做到"六字口诀"，即"跑、躲、蹲、喊、包、伞"。

"跑"是指遇到危险，要先"跑"，采取"Z"形奔跑，闪避歹徒追击。若已被歹徒拦住去路，要把身上的财物或其他物品抛向一旁，再想办法迅速脱身。

"躲"是指遇到危险时，躲入附近的商店、小区、门卫室、岗亭等，或者躲到老师、家长、保安员等大人的身后，以寻求帮助。

"蹲"是指双手抱头全身蜷起，若已无处可逃，可迅速蹲下，双手抱头，胸腹紧贴双腿，全身蜷起不放。

"喊"是指在危险发生时遇到巡逻人员或其他路人要大声喊叫呼救。

"包"是指在防御方面充分利用背包等。遇到危险时，将包反背至胸前作为保护要害器官的屏障。

"伞"是指利用雨伞等工具。在遇到危险时，要善于利用雨伞，迅速将其在歹徒与自己之间形成一道屏障，或者用伞尖等戳刺歹徒。

需要同学们注意的是，要避免随意使用上述防御措施，应急技能只能在遇到危险时使用，决不能用到平时的嬉戏中，以免造成意外伤害。

怎样预防敲诈勒索

1）平常身上不带大量现金和贵重物品，即使带了，也不要在公开场合随便拿出来。

2）外出时，不凑热闹、不贪便宜。

3）平常尽量结伴而行，不单独外出。

4）遇到敲诈勒索，可以暂时先把钱给他，过后一定要及时告诉家长、老师或报警寻求保护。

练习展示

1. 请你试着总结一下到野外爬山有哪些需要注意的事项？
2. 在空旷的场地练习"Z"形奔跑。

任务四　预防校园暴力犯罪

开篇分享

校园暴力作为一个严重的社会问题,已经引起社会各界的普遍关注,而预防和减少校园暴力的发生则是一个系统性工程。只有全社会共同行动起来,国家、社会、学校和家庭多方一起采取一些积极有效的措施,才能最大限度地预防和减少校园暴力事件的发生,共同为广大在校学生创建一个文明和谐的校园环境。

校园暴力是指发生在校园及其附近的以学校教师或学生为施暴对象的恃强凌弱的暴力行为。校园暴力是一种普遍存在的世界性现象,在一些国家或地区,校园暴力事件非常频繁,给当地治安环境带来极大的危害。

最高人民法院从 2013—2015 年各级法院审结生效的校园暴力刑事案件中抽取 100 多件典型案件样本进行了梳理,在一定程度上反映出此类犯罪的共同特点,即校园暴力犯罪案件涉及的罪名相对集中,针对人身的暴力伤害比例最高,其中,故意伤害罪占 57%,故意杀人罪占 6%。校园暴力涉及的罪名还包括寻衅滋事罪,占 10%;性侵、侵财犯罪各占 12%。统计数据显示,抽查样本涉及的 159 名未成年被告人中,已满 14 周岁不满 16 周岁的被告人占 35%;已满 16 周岁不满 18 周岁的被告人占 65%。

预防校园欺凌歌

本是同学应友善,校园欺凌不应该。
以大欺小非英雄,以强凌弱是特征。
今天要钱明天打,不知何时是尽头。
一味纵容欺凌事,变本加厉他更凶。
报告学校和家长,不再担心和害怕。
及时惩戒小霸王,大家拍手笑哈哈。

案例分析

【案例 1】校园"情侣"起猜疑,自酿苦果毁一生

李某与田某同是某职业学校电子专业的学生,李某因为猜疑自己的女友与田某正在交往,遂与同班的四名同学商量后将隔壁班的田某叫到了学校走廊内,与之发生了言语争执,无果后,李某等五人对田某进行了殴打,围殴过程中田某右手手筋被李某随身携带的小刀割断,身上还有多处受伤。事后经多方医治,田某伤情仍无法恢复,右手落下终身残疾。法院认定被告李某等五人在本案中结伙殴打原告,已构成寻衅滋事罪、故意伤害罪,故各判处五名被告有期徒刑 1 年至 5 年不等,并承担相应的民事赔偿责任。

【案例 2】女生摩擦事虽小,忍气吞声助恶人

女生小佟来自于偏远的农村,家庭条件较差,父母节衣缩食供她来省城某学校就读,而同宿舍的秦某和张某来自城市,家庭条件优越,她们十分看不起小佟,对于小佟的生活习惯极其厌烦,于是开始欺负小佟,让小佟帮洗衣物、帮打饭菜,小佟天真地以为她主动承担能得

到秦某和张某的接纳。但是，随着时间的推移，秦某等人不但不感激小佟，还变本加厉，经常恶语相加。某日，小佟将张某的护肤品不慎打翻在地，晚间熄灯后，张某伙同秦某对小佟进行了"教训"，期间，因觉得小佟态度不真诚，张某用鞋底反复抽小佟耳光，秦某将小佟上衣扒光，用手机拍照片并发给本班男生进行侮辱，整个过程持续近三个小时，在凌晨2:00左右，蒙受不白之冤又备受身心摧残的小佟绝望地从二楼阳台跳下。事后，小佟虽生命无危险，但造成下肢多处骨折，肇事人秦某和张某得到了法律应有的制裁。

两个案例都真实暴露了当代未成年人显著的心理特征，一些同学从小生活条件优越，往往养成了唯我独尊的霸道性格，不懂得谦虚待人，同时，随着互联网技术、电子游戏的发展，学生在从网上了解世界的同时也接触到了很多掺杂暴力、色情等的不良信息，由于该年龄段学生价值观还未形成，导致负面信息对其产生了严重的不良影响。

校园应是最阳光、最安全的地方。校园暴力频发，不仅伤害未成年人的身心健康，也冲击着社会道德的底线。

2016年4月28日，国务院教育督导委员会办公室向各地印发了《关于开展校园欺凌专项治理的通知》，通知指出：校园欺凌是指发生在学生之间蓄意或恶意通过肢体、语言及网络等手段，实施欺负、侮辱造成伤害的欺凌事件。要求加强对学生的法制教育，坚决遏制漠视人的尊严与生命的行为。

安全要领

一、校园欺凌产生的原因

1. 个性张扬中的偏狭自私与冷酷

有一些同学年龄越是增长，知识越是累积，与家长间的隔阂也就越深。无论是做家长的，还是做子女的，都是立足在自身价值取向上试图用自己的价值观来影响对方的行为，这就势必要产生矛盾。家长往往采取用物质或以其他途径来补偿的办法来解决与孩子之间的矛盾，以此求得自己内心的平衡。然而，慢慢地养成了孩子个性中的偏狭自私与冷酷，使得孩子在处理问题时不能通过理性和规范来约束行为，而是率性而为不顾后果。

2. 万千宠爱集一身的价值取向错觉

如今对于孩子的要求，无论是对的还是错的，多数情况下，总会从家长那里获得满足。久而久之，孩子便不懂得感恩，没有约束的自我意识逐渐蔓延。更严重的是，这往往使青少年无形中形成了别人也必须听从于我的错觉。他们把这种错觉带入校园，在和同学交往的过程中，总是希望时时刻刻能站在上风，希望大家都能听命于自己，希望是"老大"。然而，有这样心态的孩子太多，"老大"却只能是一个，矛盾自然也就产生了。

3. 对黑恶势力、暴力游戏与灰色文学的认同与膜拜

相对于书本和教师的说教，游戏和影视文学以其鲜明生动的形象特征，影响甚至左右了青少年的道德和价值评判。暴力游戏的快意杀戮，不良影视作品的黑社会，在青少年心底播种的就是一种根深蒂固的对邪恶的认同和膜拜，甚至诱使青少年采用极端的手段来对待他人。

二、应对校园暴力的要领

1) 自身的穿戴和学习用品尽量低调,不要过于招摇。

2) 不要去挑逗比较霸道的同学。在学校不主动与同学发生冲突,一旦发生应及时找老师解决。

3) 如果你在某些方面和别人不一样,你要认同自己,展现自我的长处,树立信心,同样会得到其他人的尊重。

4) 如果你身材瘦小,适时参加自我防卫训练,一旦遇到紧急情况,有自我保护的能力总是好的。同时,这些训练还可以大大提高自信心,减少成为受欺负者的可能。

5) 如果仅仅是口头挑衅,你要告诫自己,不要理会那个侵犯者,有时候,侵犯者往往在得不到回应时会对你失去兴趣;如果欺负情形继续,你要郑重地告诉侵犯者,要求他停止其粗暴的行为,有些侵犯者面临挑战时,会收敛和停止自己的错误行为。

6) 如果遇到校园欺凌,首先要大声警告对方,他们的所作所为是违法违纪的,会受到法律纪律严厉的制裁。这样做的目的:一是大声告诉周围的老师、同学引起对你的关注;二是洪亮的声音对欺凌者起到震慑的作用。如果对方还是继续欺凌行为的话,应适当自卫,而不是忍受挨打。自我防卫的目的是以行动告诉对方你不是软弱可欺的,而如果你默默忍受,反而会助长他更加得意忘形,从而持续攻击行为,直到达到目的为止。

7) 如果遇到校园暴力,一定要沉着冷静,良好的心态是你摆脱危机的强有力武器。

8) 如果已经受到暴力侵害,一定不要沉默,更不能再以暴易暴,要寻求老师和家长的帮助,用法律的武器维护你的合法权益。

 勇敢对欺凌说"不"——防范校园欺凌

练习展示

1. 当几个高年级的同学在宿舍"围堵"你,让你认"大哥"时,你怎么办?

2. 别人未经你的允许,把你的照片上传到网络上进行诽谤,你打算怎么解决此事?

任务五　女生的自我防护

近年来,网络、新闻媒体曝光多起未成年或涉世未深少女独自外出或与陌生人接触,遭犯罪分子街头搭讪,用寻求帮助、冒充熟人等借口,诱骗未成年少女并实施财产、人身侵害甚至性侵害,进而对女生造成严重的身体及心灵伤害的事件。

未成年女生的身心发育尚未成熟,缺乏辨别是非的能力,这使她们更容易成为不法分子侵害的对象。这些案件再次给我们敲响警钟,女生的自我保护意识淡薄,而现代社会充斥了各种不安定因素,无论是未成年少女还是已成年女性,作为社会的弱势群体,如何让自己远离危险,保护自身安全,是迫切需要教育的。

女生防护歌

女同学们要注意,安全防护需留意。
社会错综又复杂,伪善戴着假面具。
坏人织就一张网,就等有人往里钻。
青春珍贵不复回,自尊自爱才是真。
衣着举止不轻佻,自我保护多思量。
独自外出需谨慎,偏僻处所不能去。
自护意识需提高,网上交友要当心。
平时多与家长聊,学习经验防上当。
遇事不慌巧应对,自我保护本领强。

【案例1】花季少女独自见网友,被骗入狼窝遭伤害

某高一女学生莉莉近一段时间沉迷网络结交网友,对方一句句谎话,把单纯善良的少女引入狼窝。2015年7月底的一天下午,正在上网的莉莉通过聊天结交了网友张某,张某通过网络聊天主动向莉莉示好,借机与她搭讪聊天。毫无防备之心的莉莉被问什么就答什么。甚至在莉莉过生日时,张某送给她生日礼物。一段时间后,张某约莉莉在某市汽车站见面,张某发现莉莉独自一人赴约,便向莉莉提出能否去他家里帮个小忙。单纯的莉莉以为已经跟"好心"的张某混熟了,自认为应该主动帮助别人,竟真的跟着张某去了其住处。一进家门,张某就露出了真面目,强行将莉莉拉进自己房内,并将房门反锁。此时此刻,莉莉才意识到自己已身处险境。被吓傻的莉莉不敢反抗,张某提出什么非分要求,莉莉只能照做。事情结束后,张某请莉莉吃饭,莉莉不敢拒绝,临别前,张某威胁并嘱咐莉莉千万不要跟别人说,这是他们之间的小秘密。回到家中,莉莉反常的情绪迅速引起了母亲的注意。在母亲的询问下,莉莉说出了自己遭遇侵害的经过。2015年8月,张某因涉嫌强奸罪被批准逮捕,后被法院判处有期徒刑。

【案例2】少女与父母赌气离家出走,被坏人拖入草丛强奸

女生小吴与父亲怄气后离家出走,明明知道路上遇到的陌生男子不怀好意,仍赌气跟随对方走进荒地,不幸遭遇强暴。周末一天中午,某职业学校女生小吴在家因琐事遭到父亲的责骂后,心情极度郁闷,边哭边跑出家门,来到小区附近的一条小河边。正当小吴在河边徘徊的时候,忽然一个高个子男子向她走来。对方操着外地口音,色眯眯地上前与小吴套近乎,称自己有东西在附近,搬不动,想请小吴过去帮一下忙。虽然小吴第一眼就觉得此人不是好人,但想起父亲打了自己一记耳光,她赌气就答应了下来。一路上,他不时用甜言蜜语感谢小吴,博取她的信任。不知不觉中,小吴跟着对方来到了一片杂草丛生的荒地,这才感到不妙。没等小吴反应过来,对方一把抓她的胳膊,把小吴拖进了草丛深处。临走时,男子将小吴的手机抢走。事发后,小吴和母亲及时报了警。相关部门借助 DNA 技术手段,于六天后将犯罪嫌疑人张某抓获。经检察机关依法提起公诉,张某因犯强奸罪被判处有期徒刑七年六个月。

【案例3】保护自己,意识比技巧更重要

刚入学的小颜对新学校颇有兴趣,一天放学后,她见时间还早,便在教室里看起书来。此时学校里的学生越来越少了,只是楼道里还有几个高年级的学生在走动。猛然她所在的教室门被推开了,几个高年级学生嬉皮笑脸地走到她面前,一名高年级男生说:"小学妹,交个朋友吧,把你的 QQ 号说一下呗,咱们聊聊。"其他几个学生也跟着起哄围到她的身前,小颜一见这种情况不对,定了定神说:"你们是我哥哥的同学吧,他去门口接我妈了,你们稍等一下,他马上回来了。"这几个男生一听这个女生在学校有认识的人,而且家长就要到校,相互看看无趣地走了,小颜看他们走了,迅速收拾东西,离开学校,并将发生的事情告诉了老师和家长。

表面看案例 3 似乎是小颜过于敏感,精神过于紧张,不过,我们却不能认为小颜这样做是错的,恰恰相反,她的做法是值得我们好好学习与参考的,这是因为她展现了极强的自我保护意识。

小颜表现得很机智,用"妈妈和哥哥马上到校"来给他人制造错觉,一句话就将自己推托的理由讲得很明白。让高年级学生无趣地离开,有些同学也许会觉得说谎不好。说谎当然不好,但也分什么时候说。关键时刻只要能保全我们自己的健康与安全,那也是可以的。总之,仅就小颜在与陌生人相处这件事上所表现出来的强烈的自我保护意识,就足以让人夸赞。其实说得通俗一些,很多时候我们并不是因为"应付不了危险"而遇险,恰恰是因为我们"没有意识到那是危险"而使自己走进了危险之中,而这种无意识的自我涉险才是最危险的。

"不要和陌生人说话"——女生独自外出注意事项

女生的自我防护意识

1）青春期的女生要多了解、关注与人身安全有关的新闻及案例。

新闻是我们了解真实社会的最好途径，那些与安全有关的新闻就是在为我们敲响警钟。当然，有些内容可能不那么容易理解，不妨和家长共同关注，请他们给我们讲解一下，由此来理解为什么我们需要时刻注意自我保护。很多女孩对自身安全可能没有那么多的想法，或者因为自己看不见也遇不到那些危险的事，就不那么关心。可实际上，危险无处不在、无时不在，越早了解可能隐藏的危险，我们才可能越早地主动提升自我保护意识。

2）发生在自己身上的事情，只要感觉不舒服，就要及时与可靠的人进行沟通。

由于缺乏自我保护意识，在有些女孩身上可能已经发生了不幸的事情，但却依然不自知，即便难受也还依然忍着，甚至并不以为自己已经受到了伤害。在这里要提醒各位女生，青春期的少女在校期间，也非常容易遇到校园"猥亵"行为。我国法律规定，猥亵是指以刺激或满足性欲为目的的，用性交以外的方法实施的淫秽行为。猥亵行为严重危害被害人的身心健康，败坏社会风气。只要自己遇到了一些不寻常的事情，尤其是那些让自己感到不舒服的事情，就一定要告诉可以信赖的人，如老师或父母、朋友，都是我们可以倾诉的对象，千万不要不当回事，要及时反映自己的感受，这样师长才能根据现实情况来做出准确判断，并更好地帮助我们。

3）不要对周围环境麻痹大意，要意识到自己才是保护自己的最佳屏障。

周围的环境并不是一成不变的，而老师和父母也总有顾及不到的时候，所以只有我们才是保护自己的最佳屏障，只有自己才能随时注意到自己周围的危险变化。而且，在很多危险时刻，求人不如求己，拥有自保意识和快速反应，才能在第一时间保护自己不受伤害。

4）开展必要的安全演练，提高自身处理突发情况的处置能力。

所谓安全演练，通俗点说就是模拟一些危险事件，通过练习处理危险事件中的各种问题来提升自己的应对能力。另外，安全演练要根据自己的实际能力来进行演练。也就是说，在演练过程中，我们所想到的和所运用到的方法，都应该符合自身的年龄、性别特点，要在自己的能力范围内去演练，不要做超越自己能力的事情，否则不但起不到演练的作用，反而可能让我们受到其他意外的伤害。演练不是挑战极限，越顺手的操作才越能够在危险到来时保护与拯救我们。

安全要领

一、孤身在家的安全要领

女生自己在家要注意安全。首先要把门反锁好，如果是晚上最好把窗户也锁好。时刻保持与家人的通话畅通，几个号码要牢记，110、120、119及物业电话。如遇敲门，可在猫眼里面观察一下，如果是陌生人，不管他是推销东西的还是查水（电、气）表的，一律不开门。

千万不能不看也不问就把门打开。如果是送快递的,尽量让快递员投递到小区门卫处,随后再下楼签收。

如果家中遇到歹徒,要沉着冷静,生命第一。如果此时歹徒尚未能接近你,应当立即反锁房门并拨打110或小区物业电话求救,并去窗户边呼喊。而如果歹徒已经非常接近,可以欺骗歹徒说,家里人去买吃的了、拿快递去了,马上回来。切不可盲目呼救,这样反而会激怒歹徒,而如果他明确威胁你的生命,要用尽一切办法与之周旋,同时大声呼救,永远记住,财产乃身外之物,生命高于一切。

二、孤身外出的安全要领

女生孤身外出,步行的时候靠近路内侧,内侧背包,避免抢夺。尽量走大路,避开自己不熟悉的、人烟稀少及昏暗的地方出行。骑自行车时,可以把随身携带的背包带缠绕于车把处,防止被抢夺。不要随身携带贵重的财物和现金,一旦遇到危险,切不可贪恋财务,冷静面对,设法脱身。

三、与异性相处的安全要领

女生与异性相处要保持距离,不能超越友谊的界限。

1)要与异性分彼此。

2)尽量不在外留宿,尤其是不能在异性同学、异性朋友家留宿。

3)与异性交往时以集体活动为主,避免男女独处。

4)言谈举止要自重,不随便,不轻浮。

5)警惕他人"献殷勤"。

四、单独乘坐出租车的要领

女生单独乘坐出租车也要注意安全。

1)选择正规的出租车,拒绝"黑车",慎坐"网约车"。

2)尽量不要选择坐副驾驶的位置。

3)尽量不在车上睡觉,注意观察行驶路线。

4)保持手机畅通,如察觉情况异常,迅速通知家人、朋友和警方。

5)下车时索要发票。

不做入狼口的羊——乘坐网约车的安全

巧用"四两拨千斤"——女生防身术

1. 某学校女生小芳周末打算回家,刚出校门就"巧遇"初中同学刘某开车在校门口"等人",刘某邀请小芳一起坐他的"顺风车"回家。你认为小芳如果搭乘刘某的车应该注意哪些安全问题?

2. 角色扮演。找一名女生扮演乘火车的"乘客",另一名男生或女生扮演火车上的"陌生人"。由"陌生人"向"乘客"采用"花言巧语"劝对方喝自己刚头的饮料,"乘客"要想办法拒绝。看看最后"陌生人"是否能够得逞?

3. 某学校女生小娟在玩网游时结识了一位"帅气、大方"的外地网友,双方约定小娟期末考试考完后一起去广州游玩。小娟即将到来的广州之旅有什么潜在危险吗?请你帮助小娟分析一下。

4. 当某职校女生小丽到某公司实习面试结束后,一名男性考官把小丽留下,要单独与小丽交流。考官与小丽交流时有关专业知识等工作方面的话题谈得很少,反而一直夸赞小丽"大有前途",称"只要听话,在公司一定有好的发展"。小丽很看重这份工作,但又觉得考官怪怪的,她该怎样去做?

第六单元　预防犯罪，警钟长鸣

● **训练要点**

本单元包括自觉遵纪守法、一失足成千古恨两个任务，通过真实的案例分析，指导同学们掌握预防犯罪的基本知识和相关的安全技能。

1. 了解中职生在校园中容易出现的各种违法违纪问题。
2. 了解青少年犯罪的原因及特点。
3. 了解犯罪的危害性。
4. 了解青少年违法犯罪的典型案例。

● **素养要求**

通过本单元的学习，达到以下素养目标：

1. 培养良好的遵纪守法习惯，避免犯罪。
2. 具备一定的法律知识，培养自身法治素养。
3. 掌握预防侵害的基本方法和基本原则，防止走上违法犯罪道路。
4. 认识打架斗殴的危害性，避免打架斗殴行为的发生。

任务一　自觉遵纪守法

生
命
与
安
全

开篇分享

　　我国已形成有中国特色的社会主义法制体系,大家在工作、学习、生活中始终都要有法律意识,要养成遵纪守法的优良品质,不做违法乱纪的事,时时处处用法律规范指导我们的言行。当今社会的年轻人既崇尚个性、又追求自由,有些人甚至以自我为中心,随心所欲,在不知不觉中便违反了遵纪守法的原则。作为当代中职学生,在追求个性发展时,必须用基本的社会道德和纪律约束自己的言行,做一个遵纪守法的人,只有这样才能保证大家的和谐相处和社会的平稳发展。

　　学校是培养社会主义现代化建设后备军的主阵地,中职生在校期间,如何做一名遵纪守法的好学生呢?首先应该养成良好的行为习惯,先学做人,其次才是学会相关的专业知识。想要学好做人,在校期间就应严格遵守学校的校规校纪,坚决不做学校明确禁止的事情;不提倡的事尽量不做,提倡的事和要求的事必须做好。有了严格的纪律,学校才能保持正常的教育教学秩序,老师才能顺利地完成教育教学任务,我们才能掌握各项必要的生存技能。

遵纪守法歌

国家法律和法规,依法治国全靠它。
校规校纪和班规,同学也要来遵守。
不断学习和实践,习惯养成变自然。
违纪恨铁不成钢,违法亲人泪两行。
违法成本算一算,锒铛入狱毁前程。
违纪感觉很轻松,积少成多害自己。
待到错误更深重,自由正义将尔惩。
进得学堂为哪般,盼成国家栋梁才。
珍惜生活与学习,白首不悔读书迟。

案例分析

　　【案例1】勿以善小而不为,勿以恶小而为之

　　共享单车如今在各个城市相当火热,黄的、白的、蓝的、橙的各式各样的共享单车,解决了人们从公交(地铁)站到家这"最后1公里"的出行难题,给人们的短距离出行带来了极大的便利。但是共享单车在带来方便的同时,各种乱象和各种奇葩案例却考量着每一个人的法律和道德的底线:有人将共享单车骑进小区,丢在楼道,甚至骑回家独占独享的;有人纯属恶作剧或不知何种心理,把车高锁于树权上,甚至抛至中心河道的……某市高中生关某,因一时贪念,将路边的小黄车重新喷漆还私自上锁占为己有,关某因涉嫌盗窃被治安拘留14日。

　　【案例2】无聊报"假警",惩罚真刑拘

　　刘某和王某系高中同学,2015年4月1日"愚人节"期间,因无所事事,他们想到"报警"取乐,经二人商议,王某打电话报警,谎称"刘某被人绑架,并且有生命危险"。该市公安局

迅速调集警力并进行周密部署,最终发现这是一场闹剧,让办案民警哭笑不得。但刘某与王某的行为已严重扰乱社会秩序,警方根据《中华人民共和国治安管理处罚法》的相关规定,决定对二人处以行政拘留10日的处罚。

两个案例都真实地暴露出未成年人法律意识淡薄,社会责任心与公德心的严重缺失,虽然对社会未造成严重后果,但他们的行为都受到了法律的严惩,也应当受到我们的谴责。

当代社会的未成年人,善于独立思考,思维敏捷,容易接受新思想、新事物;喜欢表现自己、设计自我,注重个人利益,对自身的满足感要求较高。但有相当数量的未成年人,责任意识、法律意识较为淡薄,具体表现在以下几个方面:

1. 法律信仰缺乏

部分同学受到不良社会风气的影响,崇尚权力,迷恋金钱和财富,荒唐地认为有了权力和金钱,就可以为所欲为,颠倒是非。对法律在社会发展中的作用和认识没有准确地把握,对法治缺乏信心。

2. 法制观念淡薄

人之为人,最首要的就是其言行举止受到各种规范的约束,如班规、校纪、道德、法律,以及各种社会礼仪和习惯等,其中,最基本的规范应当是道德和法律。然而,部分同学法律意识淡薄,他们或者恶言相向,互相看不起对方;或者漠视对方权益,无事生非,造谣中伤,恶意攻击他人;或者不知如何保护自己被他人侵犯的合法权益,只能忍气吞声;更有甚者,根本无视法律的存在,最终受到法律的制裁。

3. 法律知识不足

学生在校期间基本以学业为主,缺少对法律知识的学习,法律素质普遍不高,所知道的一些法律知识,也仅限于课堂上的灌输和法制类影视剧的学习。甚至有人认为"只要不违法犯罪,学习法律便一无是处",更不会积极主动地学习法律法规。殊不知,法律素质的高低,不仅关系到自身的命运和前途,而且关系到家庭的和谐稳定、民族的振兴、经济的发展和社会的全面进步。

4. 强调权利而忽视义务

现实生活中,相当一部分同学片面强调自己的权利,只知道索取利益,不懂得履行相应的义务。然而,权利和义务是整个法律体系的核心内容,权利与义务是相对应的。没有无义务的权利,也没有无权利的义务。尊重他人的权利是主张自己权利的前提,不尊重他人的权利,其实就是践踏自己的权利。

在法治社会里,法律无所不在。无论是目前的生活、学习,还是将来参加工作,无一例外地都要受到来自法律的各方面的调整和约束。所以,作为合格的中职生,就应具备良好的法律素质,使自己在遵纪守法、依法办事等各方面都能成为全社会的楷模。

安全要领

一、遵纪守法的重要性

1)遵纪守法可以促使我们养成良好的行为习惯。法律约束着我们的思想和行为,如果我们的心中有了法律,那么在我们的触犯法律的思想刚要萌动时,就会被及时制止,从而产生一种自我约束力,既增强了我们的法制观念,又为我们养成了一个良好的行为习惯打下了一个好的基础。

2）遵纪守法可以让我们了解现实，有助于提高我们的思想道德品质。遵纪守法会让我们对他人行为的好与坏有了一个正确的评价，从而可以看清其行为的对与错，为自己敲响警钟。同时，在认清行为的对与错之后，我们也会清楚此行为的严重后果，自觉的杜绝在自己的身上发生类似的事情。

3）遵纪守法可以塑造并提升我们的人格，让我们充分认识到犯罪的危害，进而自觉遵守，提高辨别是非的能力。

4）遵纪守法是响应国家号召的行为。作为国家的一个公民，遵守国家的法律是我们的神圣职责，我们有义务遵守法律，以维护国家的尊严。因此，我们贯彻国家的法律，就是我们尽到义务的行为，同时也是响应国家号召的行为。

二、遵纪守法的要领

做一个遵纪守法的合格中职生，应掌握以下几个方面的要领：

1）从小养成遵守纪律的习惯。俗话说"无规矩不成方圆"。一个民族、一个国家都需要依靠法律来维护一种安定的社会秩序，从而制约着人们的言行举止。因此，我们每一个人都应该积极地学习法律知识，自觉遵守法律，维护法律的尊严。

我们要实现心中的理想，就应该时刻不忘纪律这一准绳，做遵守纪律的模范。要养成遵守纪律的习惯，就要在以下方面下功夫：一是时刻注意培养自己遵守纪律的自觉性。遵守纪律贵在自觉，自觉是遵守纪律的关键。二是将遵守纪律的道德观念落实在行动上。三是要从日常生活中的小事做起。要时刻注意自己的言行举止，"不以小纪而不遵"。

2）要做到学法、懂法、用法。英国著名思想家温斯坦莱说过："假如有很好的法律，但人民不了解它们，这对共和国来说就像没有任何法律一样糟糕。"青少年正处在人生的十字路口，要想不走弯路、错路，必须铺设好自己的人生轨道，这就是要注意学习法律知识，增强法制观念，否则，便会因为不知法而走上违法犯罪的道路。

3）要注意从以下几个方面来加强自身的修养，即戒"贪"、戒"奢"、戒"惰"、戒"散"。以上几个方面的问题都是同学们容易沾染的不良习惯和性格，如果让它们在自身滋长、蔓延，或者不能有效地远离它们，那么就会从"量变"到"质变"，最终就可能走上违法犯罪的道路，成为阶下囚。

同学们是祖国的明天，民族的未来，因而必须加强自身修养。我们正处在人生的十字路口，时时预防违法犯罪之"念"的产生，运用法律找到一条正确的路，并勇敢的向前走下去，一路上乘风破浪，到达成功的彼岸。遵纪守法让我们变得更加完善，以健康的身心去迎接美好的未来。

练习展示

1. 讨论如何提升自身的法律素养。

2. 当你受到别人对你的非议或流言的困扰时，你应该怎么做？如何运用法律的武器保护自己？

任务二　一失足成千古恨

　　青少年是祖国的花朵、社会的明天,担负着振兴中华的历史重任,理应得到关心和爱护,成长为国家的栋梁。但由于青少年心理发育不成熟,意志薄弱,较易受到社会上各种腐朽思想的侵蚀,走向犯罪的道路。青少年犯罪不仅给社会带来极大的危害,也给自己的亲人带来了无穷的痛苦和伤心。所以,针对青少年的心理、生理特点,探讨有针对性的方法以预防和减少青少年违法犯罪成为当前社会的重大课题。

　　从世界范围来看,青少年犯罪逐渐趋于团伙化。近两年来,我国青少年共同犯罪案件占青少年犯罪案件总数的85%,参与犯罪的青少年年轻气盛、血气方刚,但文化层次较低,自控能力差,易冲动。在他们中间,哥们义气盛行。实施犯罪行为时,往往会不计后果,一哄而上,社会危害性极大。

　　一些案例中,青少年暴力犯罪相当严重,个别未成年犯罪分子在犯罪中显威风,逞英雄,犯罪手段相当残忍。青少年法制观念淡薄,犯罪极少考虑后果,受不良影视作品的影响,甚至追求血腥暴力的刺激,因此,造成的社会影响极大。

　　青少年实施犯罪的目的主要是为了非法牟取利益。非法获取财物案件占青少年犯罪案件总数的89%,这些参与犯罪的青少年家庭条件大都不是太好,大部分犯罪的青少年没有劳动技能和固定的收入来源,但又不甘贫穷和寂寞,生活上追求高消费,他们在自身需要无法通过合法途径得到满足时,为使个人贪欲得到满足,他们往往不惜铤而走险,将罪恶之手伸向社会,从而走向犯罪这条不归路。"一失足成千古恨,再回头是百年人。"

　　【案例1】男孩伙同他人敲诈父亲,"坑爹"少年仅15岁

　　2012年2月23日11时许,在15岁男孩何某的提议下,山东省男青年孙某伙同何某,使用孙某的手机,以何某安全受威胁为由,向何某父亲发送多条恐吓短信,索要人民币两万元,并让其将款汇入孙某的银行卡内。何某之父随即报警。孙某与何某在北辰区一银行门口查询汇款时,被公安机关当场抓获。由于何某只有15周岁,故未追究其刑事责任。天津市北辰区人民法院以敲诈勒索罪对孙某判处有期徒刑。

　　【案例2】少年为帮哥们出气用铁棍打伤3人

　　2011年10月底的一天夜里,刘强与张某、骆某等人在外聚会,后骆某得知自己的女友在麦当劳餐厅内被陌生男子搭讪。次日凌晨零时许,骆某纠集张某、刘强等人持铁棍、木棍殴打受害人大明等3人。大明经诊断为急性特重型颅脑损伤等,鉴定为重伤;另两人为轻微伤。刘强等人被警方抓获。警方调查得知,大明及两名朋友之所以搭讪陌生人,是因为打赌:如果谁能让陌生人给自己买吃的就算赢,输的人请赢的人吃饭。大明搭讪一个下楼女孩,离开餐厅时被一群人用铁棍殴打。东城区法院认为,刘强的行为构成故意伤害罪,依法应予刑罚处罚。鉴于被告人犯罪时未满18周岁,系初犯,如实供述犯罪事实,认罪悔罪,赔偿全部被害人损失并获得谅解,法院决定对其予以减轻处罚。北京市东城法院以故意伤害

罪判处刘强有期徒刑一年两个月,缓刑一年六个月。

【案例3】两少年欲进学校打球遭阻将门卫刺死被判刑

2012年2月9日下午5时许,被告人区某、杨某到平南县某镇二中门口欲进入学校球场打球,遭到学校门卫唐某的阻拦,为此双方发生争吵,被告人区某、杨某就对唐某拳打脚踢,唐某用木棍反抗,两名被告人见状,继续对唐某拳打脚踢。被告人区某用随身携带的弹簧刀刺向唐某的左大腿等处,将唐某刺伤后,两人潜逃。唐某因失血过多,经医院抢救无效死亡。次日,两位被告人到公安机关投案自首。经法医鉴定,唐某系左动静脉受锐器作用,造成失血性休克死亡。法院经审理后认为,被告人区某、杨某故意伤害他人身体,致一人死亡,其行为已触犯刑律,构成故意伤害罪。广西平南县人民检察院以故意伤害罪将区某、杨某起诉至法院,法院经审理后以故意伤害罪分别判处区某有期徒刑六年六个月、杨某有期徒刑三年六个月。被告人区某和杨某都是未成年人,两人本应有着美好的青春年华,却因自己的冲动和无知要在监狱里度过几年时光。

【案例4】青少年犯罪团伙盗窃抢夺,主犯屡教不改获刑五年

2017年1月某日中午,犯罪嫌疑人康某让龚某(15岁)将在龚家吃饭的张某的摩托车钥匙从卫生间窗户递出,康某偷偷配制后将张某一辆价值8063元的踏板摩托车盗走,随后康某等人骑该车在商南县城踩点。1月22日晚,康某和龚某发现县城洪桥对面的好望角商店地处偏僻,并且仅有一名女店主在内,康某遂以到亲戚家送礼需买高档香烟为由进店试探,摸清情况后康某联系刘某到商店附近。晚8时许,康某与刘某到店内假装买烟,并要求店主再拿两瓶西凤酒,趁店主转身拿酒之际,二人迅速拿起两条价值800元的苏烟跑出商店,龚某骑摩托车接应二人后一起逃离现场。当晚,龚某到一批发部将所抢香烟低价处理,得赃款720元。初次得手后,康某便与刘某、余某、魏某等人组成团伙开始肆意作案,在短短1个月内接连抢夺8次,抢夺数额达11674元。经商南县检察院提起公诉,县法院以盗窃罪、抢夺罪判处因强奸罪尚在缓刑期内的主犯康某有期徒刑五年,并对刘某、余某、魏某分别判处缓刑和拘役。

【案例5】为了哥们义气,毁了自己的一生,毁了自己的家庭

小王与小顾是同校同学,小王读初三,小顾读初一。一天二人发生口角,小王顺手打了小顾一下,不当一回事就扬长而去。不想小顾人小气盛,当晚就约了几个小哥们找到小王家,要给小王给一点颜色看看,由于小王不在家,就在外面砸门吵闹一阵。小王回家知道后,第二天连续三次找小魏帮助,小魏自认为是小兄弟的头,欺侮小兄弟就是给他小魏难看,所以一口答应,当即叫了一个朋友,准备了一把长砍刀,到校门口等候,当小顾放学刚走到校门,上去对准小顾就是一刀。小顾经抢救虽脱离危险,但颅骨骨折,构成九级伤残。小魏家境贫困,母亲体弱,小魏犯罪后其母举债请律师,到处奔走,劳累、忧郁成疾,在小魏判刑后一病不起,很快就撒手人寰,其父说:"这不争气的儿子一刀下去,活活追去了他母亲的命,弄得我家破人亡。"小王是独生子,家庭不仅要承担请律师、经济赔偿等难以承受的负担,而且案发前正值初中毕业,在他进监狱的时候,职高的录取通知书也寄到了家中,他的犯罪断送了自己的学业、前途,也毁掉了家庭的幸福。小顾也是独生子,受害致残,父母整日以泪洗面。小魏的一刀不止毁了小顾一个人,而是一刀毁了三个家庭。

【案例6】2005年11月25日,贵州遵义市汇川区的三阁公园内,正在读高一的封城与郑松、赵天等7个要好的朋友,放学之后没有回家,在社会青年刘强的怂恿和带领下,效仿桃

园结义,结成帮派,拜为兄弟。在三阁公园长奶夫人墓旁边的水泥平台上,封城等 7 名中学生跪地叩拜,宣称以后要"福祸与共"。为了强化结拜的仪式感和庄重性,他们点了 7 支香烟,代替传统结拜用香,竖立在水泥地面上。"你们要和我混,就要练胆",刘强对着表示要跟他混社会的几名未成年学生说。而练胆,就是要找一个人,整出点血来。随后将刀砍向在此经过的一名无辜男子的身上。该男子被砍了二十多刀后,失血过多死亡。法网恢恢,疏而不漏,十多年后的 2016 年 9 月 27 日,汇川警方抓捕了封城等 7 名嫌疑人。审讯中,封城等人先后被汇川警方突破,交代了当晚持刀砍人的事实。他们现已为人夫和为人父,其中一人已是网络公司的老板,他们对当年犯下的罪行追悔莫及,但等待他们的将是法律的严惩。

安全要领

一、犯罪的严重危害性

我国法律规定,法律面前人人平等,即对任何人犯罪,在适用法律上一律平等。不允许任何人有超越法律的特权。

1. 对被害人的危害

违法犯罪最直接的受害者就是被害人,不管是侵犯财产型犯罪,还是侵犯生命权、健康权的暴力犯罪,大多的侵害对象都是人或是被害人的财物。

2. 对被害人家庭的危害

违法犯罪行为一旦发生,既会对被害人造成经济的、健康的或生命的损害,还必定对被害人的家庭造成间接伤害。

3. 对自家人的危害

违法犯罪不但给被害人及其家庭带来危害,而且给自己的家人也会带来无穷的灾难。亲人不仅因此蒙羞,还不得不把更多精力用在赔偿受害人经济、精神损失方面。

4. 对自己的危害

犯罪不但害了别人,也害了自己,因此改写自己的人生,埋葬自己的前途,真正"一失足成千古恨",况且后悔已晚、痛恨已晚。因为法律是无情的,对制造罪恶的人,必将以失去自由等更痛苦的方法惩罚他。

1)被捕前的恐惧心理会煎熬自己。案例 6 中的封城,作案时还是中学生,尽管十多年没有暴露杀人的罪行,但他坦承:这十年里没有睡过一个安稳觉,经常在噩梦中惊醒。由于巨大的心理压力,每天度日如年,备受煎熬。

2)判罪量刑前的焦虑感。这是一种无法形容的精神折磨,悬着、挂着,让人难受。有的故意杀人案的犯罪嫌疑人甚至等不到死刑判决就寻求机会自杀,以此求得解脱。

3)失去自由的炼狱生活。审判程序结束以后,罪犯将被加戴脚镣手铐,由公安押解,带着刑期和耻辱送往监狱服刑,开始长期的"军事化生活"。这是一个改造灵魂、磨炼意志、培养良好行为规范的过程,让罪犯以失去自由为代价,面对铁窗、电网、高墙,通过法律知识的学习,劳动的磨炼,深刻的忏悔,体验失去自由的痛苦,失去亲情的悲哀,失去青春的追悔,用时间去弥补所犯罪行。

4)回归面临艰难困境。罪犯服完刑期后要重返社会。刑满释放的那一刻起,就要面对就业、生活等诸多现实问题。

第一,学习知识难。学点知识可以为就业打好基础,但是系统知识的长期断档,使知识无法衔接,加上年龄的关系,记忆力的下降,生活的压力,根本不能接受以往的正规教育,因此,获得就业知识和技能异常艰难。

第二,就业困难。由于知识水平的限制,他们就业相当困难。《中华人民共和国刑法》第一百条规定:"依法受过刑事处罚的人在入伍、就业的时候,应当如实向有关单位报告自己曾经受过刑事处罚,不得隐瞒。曾经受过刑事处罚的,不能担任法官、律师、检察官和人民警察。"社会许多行业对有犯罪前科的人做了否定性评价,严重影响了他们回归社会后的正常就业。

第三,生活、婚姻等方面受到很大影响。由于学习机会、就业权利的丧失,社会地位下降、道德名誉受损,必将受到歧视,影响婚姻、家庭及生活质量。

第四,有些意志力薄弱的人,在出狱受到上述挫折后,灰心丧气,日渐消沉,甚至重返犯罪深渊无法自拔。

5. 对国家的危害

违法犯罪行为是对国家制度和国家利益的挑战,那保卫国家利益的监狱、警察、部队等专政力量就必须对不法行为进行打击,打击的过程,就必将投入人力、物力和财力,给国家本将用于发展建设的力量带来损耗。

6. 对社会的危害

犯罪对社会的危害也是极其巨大的,虽是隐形的、非物质的,但对公众安全心理的伤害,对社会稳定和工作、学习、生活等正常秩序的破坏都是无法计算的。

14 岁就要负刑事责任的"八种"罪

我国刑法规定,已满十六周岁的人犯罪,应当负刑事责任。但我国刑法同时规定:已满十四周岁不满十六周岁的人,犯故意杀人、故意伤害致人重伤或者死亡、强奸、抢劫、贩卖毒品、放火、爆炸、投毒这八种罪的,应当负刑事责任。

二、预防侵害的基本方法

1. 义正词严,当场制止

当你受到坏人的侵害时,要审时度势、机制勇敢地斗争反抗,当面制止,绝不能让对方觉得你可欺。你可以大喝一声:"住手! 想干什么?"从而起到以正压邪、震慑坏人的目的。

2. 处于险境,紧急求援

当自己无法摆脱坏人的挑衅、纠缠、侮辱和围困时,立即通过呼喊、打电话、递条子等适当办法发出信号,以求民警、军人、老师、家长及其他群众前来解救。

3. 虚张声势,巧妙周旋

当自己处于不利的情况下,可故意张扬有自己的亲友或同学已经出现或就在附近,以壮声势;或者以巧妙的办法迷惑对方,拖延时间,稳住对方,等待并抓住有利时机,不让坏人的企图得逞。

4. 主动避开,脱离危险

明知坏人是针对你而来,你又无法制服他时,应主动避开,让坏人扑空,脱离危险,转移到安全的地带。

5. 诉诸法律，报告公安

受到严重的侵害、遇到突发事件或意识到问题是严重的，家长和校方无法解决时，应果断报警。

6. 心明眼亮，记牢特点

遇到坏人侵害你时，你一定要看清并记牢对方是几个人，他们大致的年龄和身高，尤其要记清楚直接侵害你的人的衣着、面目等方面的特征，以便事发之后报告和确认。凡是能作为证据的，尽可能多地记住，并注意保护好作案现场。

7. 堂堂正正，不贪不占

不贪图享受，不追求吃喝玩乐，不受利诱，不占别人的小便宜。因为"吃人家的嘴短，拿人家的手软"，往往贪小便宜的人才容易上坏人的当。

8. 遵纪守法，消除隐患

自觉遵守校内外纪律和国家法令，做合格的中职学生。平日不和不三不四的人交往，不给坏人在自己身上打主意的机会，不留下让坏人侵害自己的隐患。如果已经结交有违法行为的人做朋友或发现朋友干坏事时，应立即彻底摆脱同他们的联系，避免被拉下水和被害。

三、预防侵害的基本原则

1. 依靠法律，预防违法犯罪对自己的侵害

《中华人民共和国未成年人保护法》第四十六条规定："未成年人的合法权益受到侵害的，被侵害人或者监护人有权要求有关部门处理，或者依法向人民法院提出诉讼。"同学们要明确，依靠法律是预防侵害的首要原则，是自我保护的必备武器。

（1）依靠法律，必须学法、知法

要学习《治安管理处罚条例》《未成年人保护法》等有关法律法规，掌握必要的法律知识。要弄清什么是合法，什么是违法；什么是无罪，什么是犯罪；什么是自己的义务、权利和合法权益，什么是受到侵害。还要弄清家庭、学校、社会、司法对未成年人保护的内容和法律责任。

（2）依靠法律，必须用法

要依法履行自己的义务和行使权利，并在违法犯罪行为对自己形成侵害时，能够依靠法律手段进行自我保护。要克服"害怕对方报复，干脆自认倒霉"的错误思想；还要克服"管它三七二十一，我私下找人报复"的错误做法。总之，就是要在法律允许的范围内自我保护，而不能用个人感情代替政策、法律。

2. 依靠组织，预防违法犯罪对自己的侵害

这里所说的组织，一般是指侵害发生地或自己所在的街道办事处、派出所、居委会、村委会、学校等部门。有的街道、区县还专门成立了未成年人保护委员会。根据法律规定："对侵犯未成年人合法权益的行为，任何组织和个人都有权加以劝阻、制止或者向有关部门提出检举或者控告。"由于对本地区、本部门的社会治安和人员活动等情况熟悉，这些组织就会依据法律，在自己的权限范围内及时妥善地处理解决未成年人受侵害的问题。

3. 依靠群众，预防违法犯罪行为对自己的侵害

广大人民群众对破坏社会治安、危及学生人身安全合法权益的违法犯罪活动深恶痛绝，盼望通过综合治理和"严打"使社会稳定、学生受到保护而健康成长。群众的眼睛雪亮、智慧丰富、威力无穷，所以，当青少年学生受到违法犯罪分子的侵害时，要千方百计地求助身边的群众，共同来对付坏人。当群众勇敢而义无反顾地和违法犯罪分子做斗争时，违法犯罪分子将成为过街老鼠，无藏身之地。

4. 依靠智慧，预防违法犯罪行为对自己的侵害

勇于斗争，相信正义必将战胜邪恶；不能怯弱，不能束手待毙，不能让坏人为所欲为，这是青少年学生预防侵害的必要前提。当自身处于危险境地时，可以采取正当防卫来维护自身合法权利。

正当防卫是指为了使国家、公共利益、本人或者他人的人身、财产和其他权利免受正在进行的不法侵害而采取的制止不法侵害的行为，对不法侵害人造成损害的，属于正当防卫，不负刑事责任。正当防卫明显超过必要限度造成重大损害的，应当负刑事责任，但是应当减轻或者免除处罚。对正在进行行凶、杀人、抢劫、强奸、绑架及其他严重危及人身安全的暴力犯罪，采取防卫行为，造成不法侵害人伤亡的，不属于防卫过当，仍然属于正当防卫，不负刑事责任。

青少年打架的"成本"

打架在法律上称为殴打他人或故意伤害他人身体，按照法律规定，一般可处以拘留或罚款。如果殴打他人经法医鉴定，受害人的伤势为"轻伤"或"重伤"，行为人可判有期徒刑。打架前请三思！警方提醒一些法律意识淡薄的同学：请你在动手前，仔细想一想打架的"成本"。民警们在日常工作中发现，发生在学生之间的多数打架都是因为琐事，而矛盾双方在气头上时，往往都不计后果，不出这口气就不罢休。可冷静下来才发现，打架的"成本"其实挺昂贵，想后悔都来不及了。

"成本"在经济学上的概念是指在一定时期内为生产一定数量的产品而购买生产要素的总费用。在此，我们借用"成本"二字，用以说明打架带来的各种损失。

打架前，请先算算"成本"。公安民警根据以往的办案经验和依据的法律法条列出以下的"打架成本"：

1）致对方轻微伤的打架"成本"：直接"成本"＝5～15日拘留＋500～1000元罚款＋双方医药费、对方家长的误工费等赔偿＋因拘留少挣的工资。

2）致对方轻伤的打架"成本"：直接"成本"＝三年以下有期徒刑＋20000元左右的赔偿金＋双方医药费、对方家长的误工费等赔偿＋因拘留少挣的工资。

3）致对方重伤的打架"成本"：直接成本＝三年以上有期徒刑、无期徒刑甚至死刑＋无尽的后悔＋……

4）打架附加成本：公安机关列入前科劣迹人员＋心情沮丧郁闷＋名誉形象受损＋家人朋友担忧＋家人的生意或工作遭受重大损失。

而且，以上"成本"还不包括对方的精神损害赔偿。现在，我们冷静地想一想，遇到问题不考虑后果，因为琐事就大打出手值得吗？

练习展示

1. 一天，某校学生小王纠集校外两人对校内其他同学要钱，不给钱就进行殴打。据统计,当天三人从 5 名同学手中"拿"走 135 元。请你分析一下小王等人的行为是否已经构成犯罪? 如果你在校园遇到类似现象,你该如何应对?

2. 某校学生小李性格懦弱,有时遭受"校园欺凌"。在一个偶然的机会,小李结识了刑满释放人员小勇,小勇承若:只要小李认其为"大哥",小勇就帮小李"打抱不平"。你觉得这件事情"靠谱"吗?

3. 当你和同学发生矛盾后,怎样寻求正确途径化解,避免打架事件的发生?

4. 请结合本单元的知识,从自己的认知角度谈谈中职生犯罪的危害。